인류와 진화

살아남거나,
사라지거나

사진출처

셔터스톡_ 17·109p 고래 / 17p 실러캔스 / 20p 찰스 다윈 / 28p 고인류학 / 29p 데니소바 동굴 / 36p 사헬란트로푸스 차덴시스 화석 / 37p 아르디피테쿠스 라미두스 화석 / 38p 루시 화석, 복원된 루시 / 44p 동굴 벽화 / 59·109p 침팬지 / 63p 두 개골 비교, 두뇌 / 67p 다양한 피부색 / 70p 꼬리뼈 / 71p 긴손바닥근, 사랑니 / 80p 불 / 98p 곡식 / 100·109p 개 / 101p 우유 / 108p 핀치새 / 109p 원숭이

위키피디아_ 20p 《종의 기원》 / 46p 데니소바인 화석 / 79p 올도완 석기

연합뉴스_ 40p 나리오코토메 소년 화석

국립경주박물관_ 79·114p 아슐리안 석기

국립중앙박물관_ 83·115p 뼈바늘

통합교과 시리즈
참 잘했어요 과학 36

살아남거나, 사라지거나 인류와 진화

ⓒ 정재은, 2025

1판 1쇄 발행 2025년 5월 30일

글 정재은 | 그림 권나영 | 감수 서울과학교사모임
펴낸이 권준구 | 펴낸곳 (주)지학사
편집장 김지영 | 편집 박보영 이지연 | 교정교열 김새롬 | 디자인 이혜리
인포그래픽 김상준 | 마케팅 송성만 손정빈 윤술옥 이채영 | 제작 김현정 이진형 강석준 오지형
등록 2010년 1월 29일(제313-2010-24호) | 주소 서울시 마포구 신촌로6길 5
전화 02.330.5263 | 팩스 02.3141.4488 | 이메일 arbolbooks@jihak.co.kr
ISBN 979-11-6204-191-8 73400

잘못된 책은 구입하신 곳에서 바꿔 드립니다.

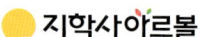 제조국 대한민국   사용연령 8세 이상
KC마크는 이 제품이 공통안전기준에 적합하였음을 의미합니다.

지학사아르볼 아르볼은 '나무'를 뜻하는 스페인어. 어린이들의 마음에 담긴 씨앗을 알찬 열매로 맺게 하는 나무가 되겠습니다.
홈페이지 www.jihak.co.kr/arbol | 블로그 blog.naver.com/arbolbooks

 과학은 왜 어려울까?

- 생명과학, 지구과학, 물리학, 화학 등 공부해야 할 범위가 넓다.
- 책이나 교과서를 볼 땐 이해할 것 같다가도 돌아서면 헷갈린다.
- 과학 현상이나 원리가 어려워서 이해가 안 된다.
- 과학 공부를 할 때 어려운 단어가 많이 나온다.

 과학 공부, 쉽게 하려면 통합교과 시리즈를 펼치자!

통합교과란?

- 서로 다른 교과를 주제나 활동 중심으로 엮은 새로운 개념의 교과
- 하나의 주제를 개념·역사·인체·기술·문화 등 다양한 영역에서 접근해 정보 전달 효과를 높임
- 문·이과 통합 교육 과정에 안성맞춤

차례

1화

지구에 온 외계인 　**개념** 진화가 뭐야? 10

- 16 생물은 어떻게 생겨났을까?
- 18 진화의 비밀이 궁금해
- 20 진화론의 시작
- 22 인류의 조상은 누구?
- 24 우리는 모두 호모 사피엔스
- 28 **한 걸음 더:** 인류의 비밀을 밝혀라

2화

침팬지와 사람은 달라 　**역사** 최초의 인류부터 호모 사피엔스까지 30

- 36 최초의 인류는 누구?
- 38 두 발로 걷는 오스트랄로피테쿠스
- 40 키다리 사냥꾼 호모 에렉투스
- 42 다정한 천하장사 네안데르탈인
- 44 현재 인류의 조상 호모 사피엔스
- 46 비밀에 싸인 수수께끼 인류
- 50 **한 걸음 더:** 네안데르탈인이 식인종이라고?

3화

사람을 찾습니다 　**인체** 인류의 특징 52

- 58 두 발로 걸어야 사람
- 60 두 발 걷기가 남긴 것
- 62 머리가 똑똑해야 사람
- 64 직립 보행과 큰 머리 때문에
- 66 털 대신 얻은 매끈한 피부
- 70 **한 걸음 더:** 우리 몸에 남은 진화의 흔적들

4화

작은 바늘 덕분에

기술 인류가 살아남은 이유   72

- 78 도구를 만드는 인류
- 80 불을 다루는 인류
- 82 옷을 입는 인류
- 84 말하는 인류
- 88 **한 걸음 더:** 끌리는 데는 이유가 있다고?

5화

서로가 서로를 도와

문화 인류를 바꾼 문화적 진화   90

- 96 수렵 채집을 지나 농사로
- 98 인류를 바꾼 농사
- 100 서로를 길들인 사람과 가축
- 102 인류는 지금도 진화하고 있어
- 106 **한 걸음 더:** 우리 몸이 기억하는 과거

- 108 워크북
- 118 정답 및 해설
- 120 찾아보기

1화
지구에 온 외계인

개념 진화가 뭐야?

- 생물은 어떻게 생겨났을까?
- 진화의 비밀이 궁금해
- 진화론의 시작
- 인류의 조상은 누구?
- 우리는 모두 호모 사피엔스

한눈에 쏙   진화가 뭐야?
한 걸음 더   인류의 비밀을 밝혀라

생물은 어떻게 생겨났을까?

오늘날 지구에는 셀 수 없을 만큼 다양한 생물이 살고 있어요. 그런데 지구가 처음 탄생했을 때는 사람은 물론이고, 동물도, 식물도, 그리고 아주 작은 미생물조차 없었어요. 생물은 어떻게 생겨났을까요?

모든 생물의 조상

약 46억 년 전에 탄생한 지구는 뜨거운 불덩이였어요. 시간이 흐르며 생물이 살 수 있는 환경으로 변해 갔지요. 드디어 40억 년 전쯤 우연히 바다에서 '무엇'이 생겨났어요. 보잘것없이 작고 단순해도 흙이나 돌처럼 생명 없는 존재가 아니었어요. 자신과 닮은 무엇을 만들어 내는 능력이 있었거든요.

이 최초의 생물 1호로부터 다른 생물이 나오게 됐어요. 오늘날 지구에 사는 생물과 과거 지구에 살았던 생물 모두가 이 생물 1호에서 비롯됐지요. 최초의 생물 1호는 어떻게 다양한 생물로 변했을까요?

변신으로 진화하라

최초의 생물 1호가 생겨난 뒤로도 지구 환경은 계속 변했어요. 생물 1호의 자손은 변해 가는 환경에서 살아남으려고 변신을 거듭했지요. 예를 들어, 어떤 생물은 물속에서 살다가 땅 위로 올라와 지느러미를 버렸고요. 또 어떤 생물은 땅 위에서 물속으로 돌아가 다리를 지느러미로 바꿨지요. 이렇게 환경에 맞추어 특징을 바꿔 살아남은 생물은 그 특징을 자손에게 물려주었답니다.

긴 시간이 흐르자 어떤 생물은 처음과 전혀 다른 종류의 생물이 되기도 했어요. 거의 변하지 않고 몇억 년씩 살아남은 생물도 있고요. 환경에 맞게 변하지 못한 생물은 아주 사라져 멸종했지요.

이렇듯 생물이 오랜 시간에 걸쳐 환경에 따라 점점 변해 가는 것이 진화예요. 진화의 결과로 오늘날 지구에는 엄청나게 다양한 생물이 살고 있어요.

진화한 생물 VS 거의 진화하지 않은 생물

고래의 조상은 육지에 살았어요. 그러다 5,000만 년 전쯤 바다로 갔고, 바다에 살며 지금의 모습으로 진화했지요.

깊은 바닷속 실러캔스는 4억 년 넘는 세월 동안 거의 비슷한 모습으로 살고 있어요.

 진화의 비밀이 궁금해

환경에 맞추어 살아남는다는 게 무슨 뜻일까요? 왜 어떤 생물은 살아남고, 어떤 생물은 사라졌을까요?

살아남거나 사라지거나

흔히 진화를 더 나은 상태가 되는 것이라고 생각해요. 그러나 진화는 단순히 살아남는 데 유리한 특징이 전달되면서 생물이 변화하는 과정이에요. 진화는 생물의 뜻대로 이루어지지 않아요. 크고 힘이 세다고 유리하고, 작고 약하다고 불리하지도 않고요. 어떤 특징을 가진 생물이 어떤 환경에 놓이느냐에 따라 다르게 나타날 뿐이에요.

뻗어 나가는 진화 나무

생물의 진화 과정은 나무줄기에서 가지가 뻗어 나가는 모습과 비슷해요. 최초의 생물 1호가 가지를 치고, 그 가지가 다시 가지를 쳐, 수많은 갈래로 퍼져 나가지요. 그 가지 끝에 인류가 등장해요. 인류는 사람을 다른 동물과 구별해서 부르는 말이랍니다.

진화론의 시작

200년 전만 해도 유럽 사람들은 신이 모든 생물을 만들었다고 믿었어요. 신이 만든 생물은 그 자체로 완전해서 처음 모습 그대로 변하지 않는다고 생각했지요.

대륙 넘어 더 넓은 곳에

진화는 아주 오랜 시간에 걸쳐 일어나요. 그래서 유럽 사람들처럼 착각하는 게 어쩌면 당연했지요. 그러다 그 믿음에 금이 가는 사건이 생겼는데, 어떤 일일까요?

1400년대에서 1700년대에 걸쳐 유럽 사람들은 바닷길을 열어 아프리카, 아시아, 아메리카 대륙을 활발히 탐험했어요. 탐험가들이 다양한 동식물을 가져오자 유럽 사람들은 혼란에 빠졌답니다. 처음 보는 신기한 생물이 많은 데다 그 종류가 매우 다양했거든요.

"아무리 신이라도 이토록 다양한 생물을 혼자서 만들 수 있을까?"

이런 의심이 자라기 시작했고, 여기에 불을 지핀 것이 바로 찰스 다윈이에요.

 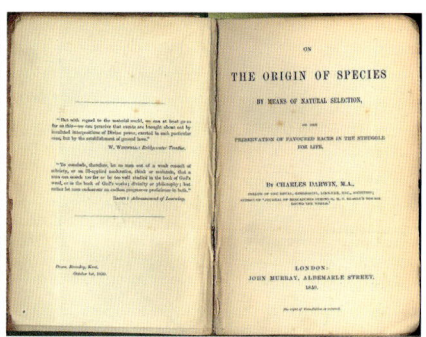

찰스 다윈과 《종의 기원》

다윈의 진화론

영국의 과학자 찰스 다윈은 1831년부터 5년 동안 아프리카, 남태평양, 남아메리카 등을 탐험했어요. 새로운 곳에서 다양한 생물을 관찰한 결과, 생물이 끊임없이 변화한다는 이론을 세웠지요. 이것이 그 유명한 진화론이에요.

에콰도르에서 서쪽으로 멀리 떨어진 태평양의 갈라파고스 제도는 다윈이 진화론을 세우는 데 중요한 역할을 했어요. 크고 작은 섬이 무리를 이룬 곳으로, 자유롭게 오가기가 힘들어서 각각의 섬에는 비슷하지만 어딘가 조금 다른 생물이 살았거든요. 한 예로, 각 섬에 사는 핀치새는 저마다 부리 모양이 달랐어요. 다윈은 원래 같은 종이지만, 먹이 환경에 맞춰 부리 모양이 변한 것이라고 결론을 내렸지요.

1859년, 다윈은 진화론을 주장하는 《종의 기원》을 펴냈어요. 이 책은 사회에 커다란 충격을 주었답니다.

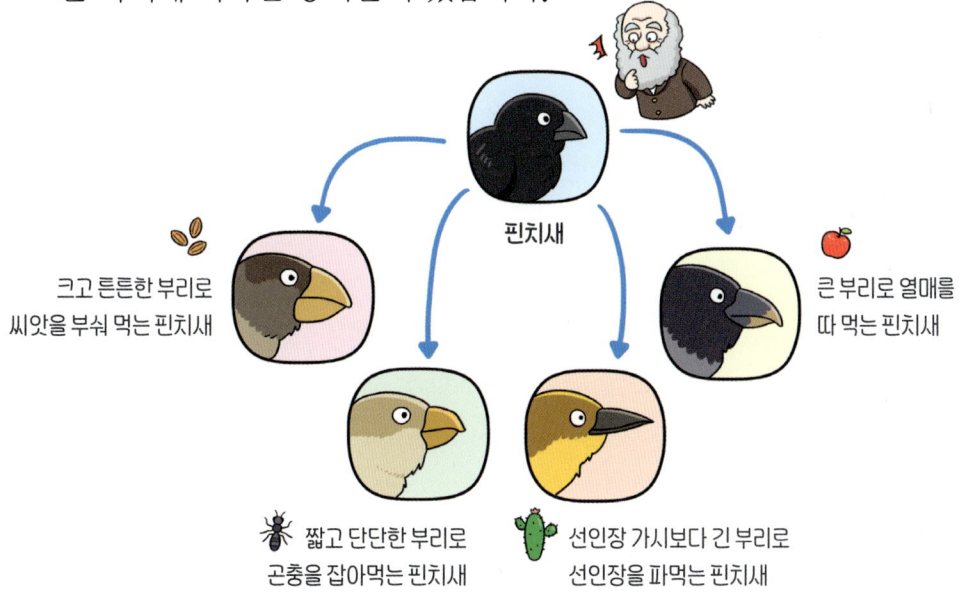

인류의 조상은 누구?

《종의 기원》을 읽은 진화론 반대파는 화가 나서 다윈에게 "당신의 조상은 원숭이요?"라고 물었다고 해요. 도대체 사람과 원숭이 사이에 무슨 관련이 있을까요?

인류의 조상은 원숭이?

신을 믿던 사람들은 인류가 다른 동물과 다르다고 생각했어요. 신이 자신을 닮은 모습으로 완벽하게 만들어서 특별하다고요. 그런데 다윈의 진화론에 따르면 인류는 특별하지 않아요. 다른 생물과 마찬가지로 진화를 거쳐 나타났을 뿐이지요.

사람과 유인원의 공통 조상은 약 2,500만 년 전에 원숭이의 조상과 갈라졌어요. 그렇다고 원숭이가 진화하면 사람이 될 수 있다는 건 아니에요. 아주 오래전 이미 갈래가 나뉘어 다른 진화의 길을 걸어왔으니까요. 원숭이는 진화를 더 겪으며 지금과 모습이 달라질 수는 있어도 사람이 되지는 않아요.

인류와 가장 가까운 유인원

오랑우탄, 고릴라, 침팬지 같은 유인원은 인류와 가장 닮은 동물이에요. 겉모습만 봐도 원숭이는 꼬리가 있지만, 유인원은 꼬리가 없지요. 물론 사람도 꼬리가 없고요. 아마도 땅에서 보내는 시간이 많아지면서 나뭇가지에 매달리는 데 쓰였던 꼬리가 사라진 듯 보여요.

유인원과 인류는 겉모습뿐 아니라 유전자도 비슷해요. 유전자는 생물의 특징을 결정하는 기본 단위로, 부모 세대에서 자식 세대로 전달돼요. 특히 침팬지는 사람과 유전자가 98퍼센트 이상 같아요. 마지막으로 공통 조상을 가졌던 700만 년에서 500만 년 전쯤, 서로 다른 환경에 적응하며 갈라졌거든요. 이해하기가 어렵다고요? 앞에서 설명했던 진화 나무를 떠올려 보면 쉬울 거예요. 이후 인류는 인류대로, 침팬지는 침팬지대로 진화해 지금의 모습이 됐어요.

 **우리는 모두 호모 사피엔스**

앞서 말했듯, 사람과 침팬지의 조상은 과거에 갈라졌어요. 그 뒤로 인류는 오랫동안 진화를 거듭했어요. 환경에 잘 적응하면 살아남았고, 그렇지 않으면 사라졌지요. 지금까지 살아남은 인류는 호모 사피엔스예요. 옛날 인류를 고인류 또는 인류의 조상이라고 해요.

지구에 살았던 다양한 인류

인류가 다른 유인원과 구별되는 커다란 차이점이 있어요. 몸을 세워 두 다리로 걷는다는 점이에요.

지금까지 발견된 인류는 사헬란트로푸스 차덴시스, 아르디피테쿠스 라미두스, 오스트랄로피테쿠스, 호모 하빌리스, 호모 에렉투스, 네안데르탈인(호모 네안데르탈렌시스), 호모 사피엔스 등 20종이 넘어요. 어떤 고인류는 호모 사피엔스보다 먼저 나타났고, 어떤 고인류는 호모 사피엔스와 비슷한 시기에 살았지요.

전에는 인류의 진화가 계단을 오르듯이 한 단계씩 순서를 밟아서 이루어졌다고 봤어요. 하지만 실제로는 지구 곳곳에서 여러 종의 인류가 나타나 각자의 환경에 적응하며 살아갔을 거예요.

호모 사피엔스만 살아남은 이유는?

오늘날 지구에는 다양한 사람들이 살고 있어요. 피부 색깔도 다르고, 눈동자 색깔도 달라요. 어떤 사람은 고불고불한 곱슬머리인데, 어떤 사람은 곧은 생머리이고요. 또 어떤 사람은 훌쩍 큰데, 또 어떤 사람은 훨씬 작지요. 이렇게 달라도 모두 호모 사피엔스라는 하나의 종에 속해요.

약 3만 년 전부터 지구에는 호모 사피엔스만 살고 있어요. 왜 호모 사피엔스만 살아남았을까요? 호모 사피엔스가 가장 크고 힘이 세서일까요? 그렇지는 않아요. 호모 사피엔스만이 지구의 다양한 환경에 적응해, 생존에 필요한 전략을 익혀 나갔기 때문이에요. 앞에서도 말했듯, 진화는 더 나은 상태로 발전하는 것이 아니라 생물이 살아남기 위해 끊임없이 환경에 적응해 나가는 과정이지요.

진화가 뭐야?

진화하는 생물

- 약 46억 년 전 생겨난 지구는 뜨거운 불덩이였음. 시간이 흐르며 생물이 살아갈 수 있는 환경이 갖춰짐. ➡ 40억 년 전쯤 바다에서 최초의 생명체가 탄생했음. ➡ 최초의 생명체는 살아남기 위해 환경에 맞추어 끊임없이 변화했음.
- 지구에 사는 생물은 공통 조상에서 갈라져 나와 현재의 모습으로 진화한 것임. 생물의 진화 과정은 마치 나무에서 가지가 뻗어 나가는 모습과 비슷함.

다윈의 진화론

- 진화론이 나오기 전 과거에는 신이 모든 생물을 만들었다고 믿었음.
- 영국의 과학자 찰스 다윈은 탐험과 관찰을 바탕으로 생물의 진화를 밝히는 《종의 기원》을 펴냈음. 생물이 환경에 적응하며 변화해 왔다는 진화론은 그 당시 사회에 엄청난 충격을 줬음.

원숭이, 유인원, 그리고 인류
- 공통 조상에서 원숭이, 유인원, 인류가 서로 갈라져 진화해 왔음.
- 오랑우탄, 고릴라, 침팬지 같은 유인원은 인류와 가장 닮은 동물임. 꼬리가 없는 것이 특징인데, 땅에서 보내는 시간이 많아지면서 나뭇가지에 매달리는 데 쓰였던 꼬리가 사라진 것으로 생각됨.
- 700만 년에서 500만 년 전쯤 초기 인류가 갈라져 나왔음. 인류는 유전적으로 유인원과 가까움.

인류의 진화
- 인류는 진화 과정에서 몸을 세워 두 다리로만 걷게 됐음.
- 인류는 수백만 년에 걸쳐 진화를 거듭했음. ➡ 환경에 적응하면 살아남았고 그렇지 않으면 멸종됐는데, 지금까지 살아남은 인류는 호모 사피엔스 종임.

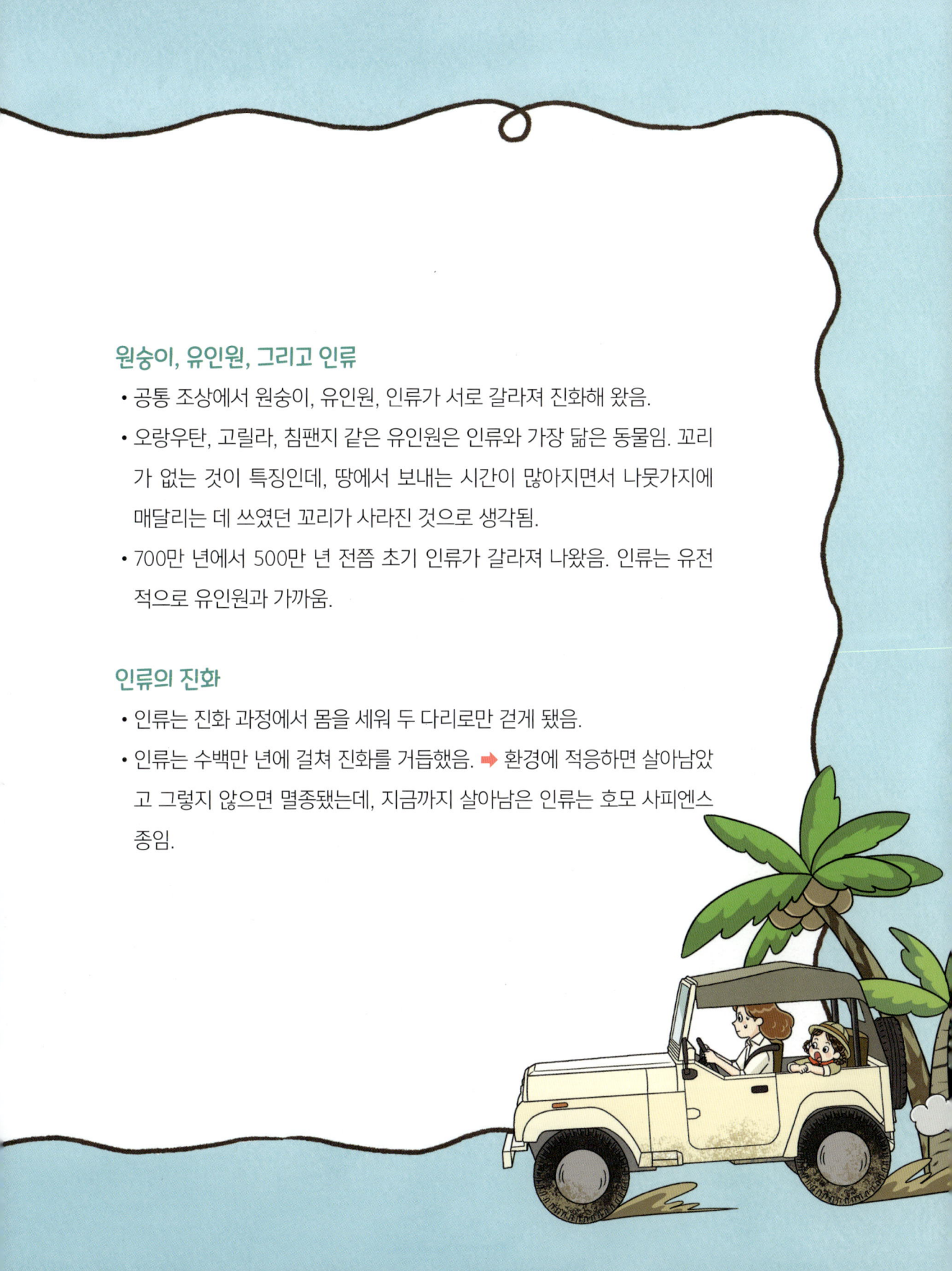

한 걸음 더!

인류의 비밀을 밝혀라

인류학은 인류의 역사와 문화를 연구하는 학문이에요. 고인류학은 인류학의 한 분야로, 화석과 유전자 분석을 통해 고인류의 비밀을 밝히지요.

화석에 담긴 정보

화석은 과거 지구에 살았던 생물의 뼈나 흔적이 땅속에 묻혀 만들어진 것으로, 지구 역사와 생물의 진화를 밝히는 중요한 자료가 돼요. 우리는 고인류 화석으로 무엇을 알 수 있을까요?

머리뼈를 보고 뇌 크기가 얼마큼 컸는지, 머리를 쓰는 지능 수준이 어땠는지 가늠해요. 이 개수와 크기로는 나이와 주로 먹었던 음식을 알 수 있지요. 몸통 아래쪽 골반 생김새로 남자인지 여자인지 판단하고요. 또 다리뼈 길이를 재서 키를 계산해 볼 수도 있답니다.

한편 고인류 화석이 발견된 곳에서 함께 나온 동식물 화석을 보면, 그 인류가 어느 시대에 살았는지, 그 당시 자연환경이 어땠는지도 알 수 있어요.

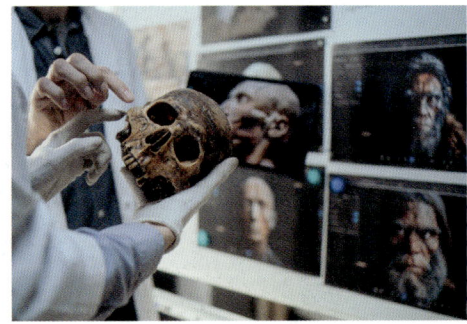

인류의 과거를 연구하는 고인류학

유전자 속 숨겨진 이야기

유전자 분석은 인류의 뿌리를 찾는 데 도움을 줘요. 2010년 유전자 분석으로 새로운 고인류가 밝혀졌어요. 러시아 시베리아의 데니소바 동굴에서 발견된 뼛조각을 분석해, 현재 인류와 네안데르탈인의 정보와

데니소바 동굴

비교해 보니 서로 달랐거든요. 이 새로운 인류에게 데니소바인이라는 이름이 붙었지요.

그뿐이 아니에요. 현재 인류 몸에 네안데르탈인의 유전자가 2퍼센트 정도 섞여 있다는 사실도 알아냈어요. 따라서 과거 어느 시점에 호모 사피엔스와 네안데르탈인이 만나 접촉했을 것으로 보이지요.

과학과 기술이 발전하면서 고인류의 비밀이 속속 드러나고 있어요. 이로써 우리는 인류의 탄생과 전 세계로 퍼져 나가는 과정을 보다 정확히 그려 볼 수 있게 됐답니다.

- 최초의 인류는 누구?
- 두 발로 걷는 오스트랄로피테쿠스
- 키다리 사냥꾼 호모 에렉투스
- 다정한 천하장사 네안데르탈인
- 현재 인류의 조상 호모 사피엔스
- 비밀에 싸인 수수께끼 인류

한눈에 쏙 최초의 인류부터 호모 사피엔스까지
한 걸음 더 네안데르탈인이 식인종이라고?

최초의 인류는 누구?

맨 처음 지구에 나타난 인류는 누구일까요? 인류학자들은 땅속에 묻혀 있던 화석을 연구해 최초의 인류를 찾고 있어요.

최초의 인류 후보 ① 사헬란트로푸스 차덴시스

이 화석의 주인공은 약 700만 년에서 600만 년 전에 살았던 것으로 추측해요. 지금까지 발견된 화석 인류 가운데 가장 오래된 종으로, 이름은 사헬란트로푸스 차덴시스예요. 아프리카 차드에 살았던 사헬 인류라는 뜻이지요. 길고 어려운 이름 대신 투마이라는 별명으로도 불리는데, 투마이는 삶의 희망을 뜻해요.

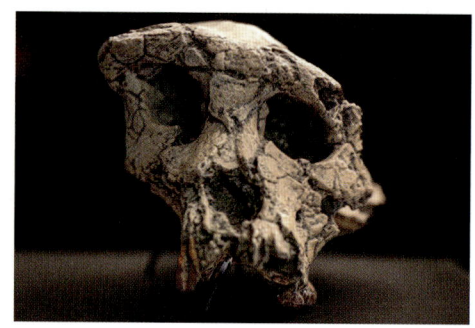
사헬란트로푸스 차덴시스 화석

투마이는 어떻게 살았을까?

인류의 먼 조상은 아프리카 숲에서 살았어요. 그런데 기후 변화로 숲이 줄어들면서 초원 생활에 적응해야 했지요. 그러면서 두 발로 걷기 시작했을 거예요. 투마이도 초원에서 살았어요. 나뭇잎, 열매, 뿌리, 작은 곤충 등을 먹었고요. 투마이의 머리 아래는 발견되지 않아 확실히 알 수는 없지만, 키가 100센티미터쯤 되는 어른으로 추측해요.

최초의 인류 후보 ② 아르디피테쿠스 라미두스

사진 속 화석의 주인공은 약 440만 년 전 아프리카 에티오피아에 살았던 아르디피테쿠스 라미두스예요. 인류의 뿌리가 되는 땅에서 산 꼬리 없는 원숭이(유인원)라는 뜻이며, 줄여서 아르디라고도 불러요.

인류학자들은 아르디피테쿠스 라미두스종 뼈 화석을 100개 넘게 발굴했어요. 잘게 조각나고 상태가 좋지 않아서, 그 정체를 밝히는 데 무려 15년이나 걸렸지요. 이름에 '유인원'이 들어가 있지만, 오랜 연구 끝에 인류라고 결론지었어요.

아르디피테쿠스 라미두스 화석

아르디는 어떻게 살았을까?

아르디의 뼛조각을 연구하자 키가 120센티미터 정도인 어른 여자로 밝혀졌어요. 440만 년 전 아프리카의 우거진 숲에서 살았지요. 나무 열매나 작은 동물 등을 먹었고요. 팔이 길고, 다리가 짧으며, 엄지발가락이 엄지손가락처럼 벌어져 있어서 나무 타기에 좋았답니다. 그렇지만 뼈 화석을 보았을 때 땅에서는 두 발로 걷는 능력을 갖추었을 것으로 생각돼요. 아르디는 인류가 유인원과 공통 조상에서 갈라진 뒤 어떻게 진화했는지 그려 볼 수 있게 해 줘요.

두 발로 걷는 오스트랄로피테쿠스

꽤 오랫동안 최초의 인류는 오스트랄로피테쿠스로 알려져 왔어요. 바로 루시 덕분이지요. 루시가 누구냐고요?

가장 유명한 인류 화석, 루시

루시는 1974년 아프리카 에티오피아의 아파르 지역에서 발견됐어요. 화석은 오랜 세월 동안 땅속에 묻혀 있다가 일부만 발견된 경우가 흔해요. 그런데 운 좋게도 루시는 전체 뼈의 약 40퍼센트가 남아 있었지요.

연구해 보니 루시는 약 320만 년 전에 살았던 고인류였어요. 남쪽에 사는 유인원이라는 뜻의 오스트랄로피테쿠스에 속하고요. 오스트랄로피테쿠스는 여러 종으로 나뉘는데, 루시는 아파르 지역에서 발견돼서 오스트랄로피테쿠스 아파렌시스예요.

루시는 그때까지 발견된 인류 화석 가운데 가장 오래된 종이었어요. 그래서 최초의 인류,

루시의 뼈 화석(왼쪽)과 루시를 복원한 모습(오른쪽)

인류의 어머니 등으로 불리며 단숨에 세계에서 가장 유명한 화석이 됐답니다.

루시는 어떻게 살았을까?

루시는 키가 약 110센티미터인 20대 여자였어요. 오늘날 우리와 비교하면 키가 작고, 몸에 털이 수북하지요. 어떻게 보면 침팬지와 꽤 닮은 듯해요. 실제로 루시의 머리뼈와 뇌 크기는 침팬지와 비슷해, 현재 인류의 3분의 1 정도 돼요.

루시는 무리를 지어 살았을 것으로 추측해요. 몸집이 작고 힘도 약해서 사냥보다는 숲과 들을 돌아다니며 열매, 뿌리, 씨앗, 풀 등을 구해 먹었을 거예요. 이런 먹거리는 열량이 적어서 몸에서 충분한 에너지를 만들어 내지 못했어요. 그래서 많이 먹어야 했지요. 다행히 루시는 두 발로 걷는 재주가 있어서 더 오래 더 멀리 먹거리를 찾아다닐 수 있었답니다.

왜 이름이 루시일까?

루시 화석은 미국의 인류학자 도널드 요한슨이 이끄는 연구 팀이 발견했어요. 이들은 이 특별한 화석을 발견하고는 기뻐서 밤새 이야기를 나누었다고 해요. 그때 라디오에서 영국의 록 그룹 비틀스의 〈루시는 다이아몬드와 함께 저 하늘에〉가 흘러나왔지요. 이 노래에서 따와 루시라는 이름을 붙였다고 전해요.

키다리 사냥꾼 호모 에렉투스

약 200만 년 전 지구에는 여러 고인류가 살았어요. 오스트랄로피테쿠스를 비롯해 손재주가 좋아서 간단한 도구를 만들어 쓰는 호모 하빌리스가 살았고요. 또 키다리 사냥꾼인 호모 에렉투스도 나타났지요.

곧게 선 호모 에렉투스

이 화석의 주인공은 허리가 곧고 다리가 길어요. 몸의 비율이 지금 우리와 비슷하지요. 약 200만 년 전에 등장한 호모 에렉투스인데, 곧게 선 사람이라는 뜻이에요.

호모 에렉투스 화석은 세계 곳곳에서 발견됐어요. 그중 아프리카 케냐의 투르카나 호수 나리오코토메 언덕에서 발견된 화석이 있어요. 이 화석을 나리오코토메 소년, 또는 투르카나 소년이라고 불러요. 키가 160센티미터 정도로 어른이 됐으면 180센티미터에 이르렀을 거예요. 다른 호모 에렉투스 여자 어른 화석도 키가 173센티미터였지요. 호모 에렉투스는 이전 인류에 비해 키가 훨씬 컸어요.

나리오코토메 소년 화석

똑똑한 키다리 사냥꾼

호모 에렉투스는 오래 걷거나 달려도 쉽게 지치지 않았어요. 몸에 털이 적어 땀을 흘려 열을 식힐 수 있었거든요.

그뿐이 아니에요. 호모 하빌리스보다 높은 수준의 주먹 도끼를 만들어 사냥을 했지요. 주먹 도끼는 돌을 떼어 내 날카롭게 만든 도구로, 나무를 다듬거나 동물 가죽을 벗기는 등 다양한 일에 쓰였어요. 또 호모 에렉투스는 불을 쓸 줄 알아서 음식을 익혀 먹었답니다. 키가 큰데다 사냥 기술도 좋고 영리하기까지 하니, 똑똑한 키다리 사냥꾼이라 부를 만하지요?

인류는 아프리카에서 시작돼 수백만 년 동안 아프리카에서만 살았어요. 하지만 호모 에렉투스는 인류 최초로 아프리카 밖으로 떠났어요. 유럽, 아시아, 오세아니아 등으로 널리 퍼져 나갔지요.

 ## 다정한 천하장사 네안데르탈인

약 40만 년에서 3만 년 전까지 유럽과 아시아 일부 지역에는 네안데르탈인이 살았어요. 독일의 네안데르 계곡에서 화석이 처음 발견돼 이런 이름이 붙었지요.

천하장사 네안데르탈인

네안데르탈인은 오늘날 우리보다 키가 조금 작았어요. 어른 남자는 165센티미터 정도, 어른 여자는 153센티미터 정도 됐지요. 대신 몸통과 팔다리가 굵어서 힘이 아주 셌어요. 한마디로 천하장사 같다고 할까요?

천하장사 네안데르탈인은 사냥에 뛰어났어요. 돌도끼와 나무창을 들

네안데르탈인은 천하장사구나!

고 큰 동물을 때려잡았지요. 멀리서 돌을 던지는 게 아니라 가까이 다가가 공격했기 때문에 몸이 자주 부러지고 다쳤어요. 그래서 네안데르탈인의 화석에는 유난히 뼈가 부러진 흔적이 많아요.

한편 네안데르탈인이 살던 시기의 유럽은 지금보다 훨씬 추웠어요. 네안데르탈인은 다부진 몸 덕분에 추위를 견딜 수 있었지요.

다정한 네안데르탈인

1908년 프랑스의 라샤펠오생에서 한 네안데르탈인 화석이 발견됐어요. 이 화석을 보고 일부 인류학자는 네안데르탈인이 원숭이처럼 구부정한 몸을 가졌을 거라고 생각했는데, 이것은 잘못된 판단이었지요. 단지 건강이 나빴던 것뿐이었으니까요.

이 화석의 주인공은 30대에서 50대 사이 남자로, 관절염을 앓은 흔적이 있고 이도 대부분 빠져 없었어요. 그런데 어떻게 건강하지 않은 몸으로 오래 살았을까요? 아마 다른 사람들이 먹을 것을 챙기며 돌봐주었을 거예요. 네안데르탈인은 무리를 이루어 서로를 보살피는 다정한 사람들이었거든요. 사람이 죽으면 무덤을 만들고 꽃을 놓아 주는 장례 문화도 있었지요.

현재 인류의 조상 호모 사피엔스

이 책을 읽는 여러분은 모두 호모 사피엔스예요. 만나 본 적도 없으면서 어떻게 아느냐고요? 현재 지구에 살고 있는 인류는 호모 사피엔스뿐이거든요.

전 세계로 퍼지다

호모 사피엔스는 약 30만 년 전 아프리카에서 처음 나타났어요. 호모 사피엔스 가운데 일부는 10만 년 전쯤 아시아와 유럽으로 퍼져 나가 이후 전 세계 곳곳에 자리 잡았지요. 생김새가 우리와 거의 같아서, 만약 요즘 느낌으로 꾸미면 쉽게 알아차리지 못할 거예요.

예술하는 인류

1868년 프랑스의 크로마뇽 동굴에서 인류 화석이 발견됐어요. 어른 남자의 키는 약 180센티미터, 어른 여자의 키는 165센티미터 안팎이었지요. 뇌 크기도 오늘날 인류와 비슷했어요. 이 화석의 주인공은 유럽으로 건너간 호모 사피엔스예요. 크로마뇽 동굴에서 발견돼 크로마뇽인이라고도 부르지요.

크로마뇽인이 그린 벽화

크로마뇽인 화석이 묻혀 있던 지역에서는 동물 뼈와 이빨로 만든 장식품이 함께 나왔어요. 동굴 벽에 그린 벽화도 발견됐고요. 이를 보면 호모 사피엔스가 예술 활동을 한 것으로 생각돼요.

참! 예술 활동을 호모 사피엔스만 했던 것은 아니에요. 스페인 남부에서 네안데르탈인이 그린 동굴 벽화가 발견됐거든요.

우리 안에 살아 있는 인류 조상들

약 3만 년 전까지만 해도 지구에 여러 종의 인류가 살았지만, 이후로는 오직 호모 사피엔스만 남았어요. 다른 인류는 왜 사라졌을까요? 혹시 호모 사피엔스가 힘이든 머리든 써서 다른 인류를 멸종시켰을까요? 정확한 사실은 알 수 없어요. 단, 유전자 연구로 밝혀진 사실은 현재 인류가 호모 사피엔스의 후손이라는 거예요.

유전자는 또 다른 흥미로운 사실도 알려 주고 있어요. 우리 몸속에 네안데르탈인과 데니소바인 등 다른 인류의 유전자가 섞여 있다는 점이지요. 인류학자들은 호모 사피엔스가 세계로 퍼져 나갈 때 근처에 살던 다른 인류와 어울리며 유전자가 섞였을 것이라고 봐요. 그렇다면 우리는 지구에 유일하게 남은 인류가 아니라, 수백만 년에 걸쳐 진화한 인류 조상들의 후손이라고 말할 수 있겠지요?

비밀에 싸인 수수께끼 인류

5만 년 전쯤 지구에는 네안데르탈인과 호모 사피엔스만 살았다고 알려져 있었어요. 그런데 같은 시기에 살았던 또 다른 인류가 새롭게 발견됐답니다. 그들은 누구일까요?

수수께끼 인류 ① 유전자 검사로 밝힌 데니소바인

2008년, 러시아 시베리아의 데니소바 동굴에서 콩알만 한 뼛조각이 발견됐어요. 처음에는 멸종한 동굴곰의 뼈인가 했어요. 아니면 과거 이 지역에 네안데르탈인이 살았으니 네안데르탈인의 뼈이겠거니 했지요.

정체를 밝혀 보니 대여섯 살 정도 되는 여자아이의 새끼손가락 뼈였어요. 그런데 이 화석의 주인공은 네안데르탈인도 아니고, 호모 사피엔스도 아니었답니다. 콩알만 한 뼛조각만 보고 어떻게 그 사실을 알아냈냐고요? 유전자를 분석한 결과였어요. 인류학자들은 이 새로운 인류의 이름을 데니소바인이라고 붙였어요. 데니소바인은 약 20만 년에서 5만 년 전까지 지구에 살았을 것으로 추측해요.

데니소바인의 손가락뼈 화석

수수께끼 인류 ② 호빗처럼 작은 호모 플로레시엔시스

2003년, 인도네시아의 플로레스섬에서 특이한 인류 화석이 발견됐어요. 키가 100센티미터 정도로 작고, 머리도 매우 작았지요. 마치 소설 《호빗》에 등장하는 키 작은 종족 같아서 호빗이라는 별명이 붙었답니다.

키 작은 인류라면 수백만 년 전에 살았던 오스트랄로피테쿠스가 떠오르지요? 그런데 이 작은 인류는 약 10만 년에서 5만 년 전까지 살았을 것으로 추측해요. 또 도구를 만들고 불을 쓴 흔적도 있어서 오스트랄로피테쿠스와는 뚜렷이 달랐지요.

궁금한 점은 이렇게 작은데 어떻게 플로레스섬에 들어갔냐는 거예요. 이 섬은 바닷물 높이가 낮았을 때도 육지와 이어진 적이 없거든요. 인류학자들은 여러 가지 가능성을 생각해 보았어요.

"작은 섬이라서 먹거리가 부족하다 보니 몸집이 작아졌을까?"

"병에 걸려서 몸집이 크지 못했을까?"

플로레스섬의 새로운 인류, 호모 플로레시엔시스는 여전히 수수께끼로 남아 있어요.

한눈에 쏙!

최초의 인류부터 호모 사피엔스까지

최초의 인류 조상 후보
- 사헬란트로푸스 차덴시스: 약 700만 년에서 600만 년 전에 살았음. 아프리카 초원에 살며 두 발로 걸었을 것으로 추측함.
- 아르디피테쿠스 라미두스: 약 440만 년 전 아프리카의 우거진 숲에서 살았을 것으로 추측함. 나무 위에서 주로 생활하며 땅에서는 두 발로 걸었을 것으로 보임.

오스트랄로피테쿠스
- 약 320만 년 전 살았던 루시의 화석이 유명함. 루시는 오스트랄로피테쿠스 아파렌시스에 속함.
- 키와 뇌 크기는 침팬지와 비슷하지만, 두 발로 걸었다는 점에서 인류에 가까움.

호모 에렉투스
- 약 200만 년 전 등장한 고인류. 허리를 곧게 세워 걷고, 불을 이용했으며, 전보다 높은 수준의 주먹 도끼를 만들어 썼음.

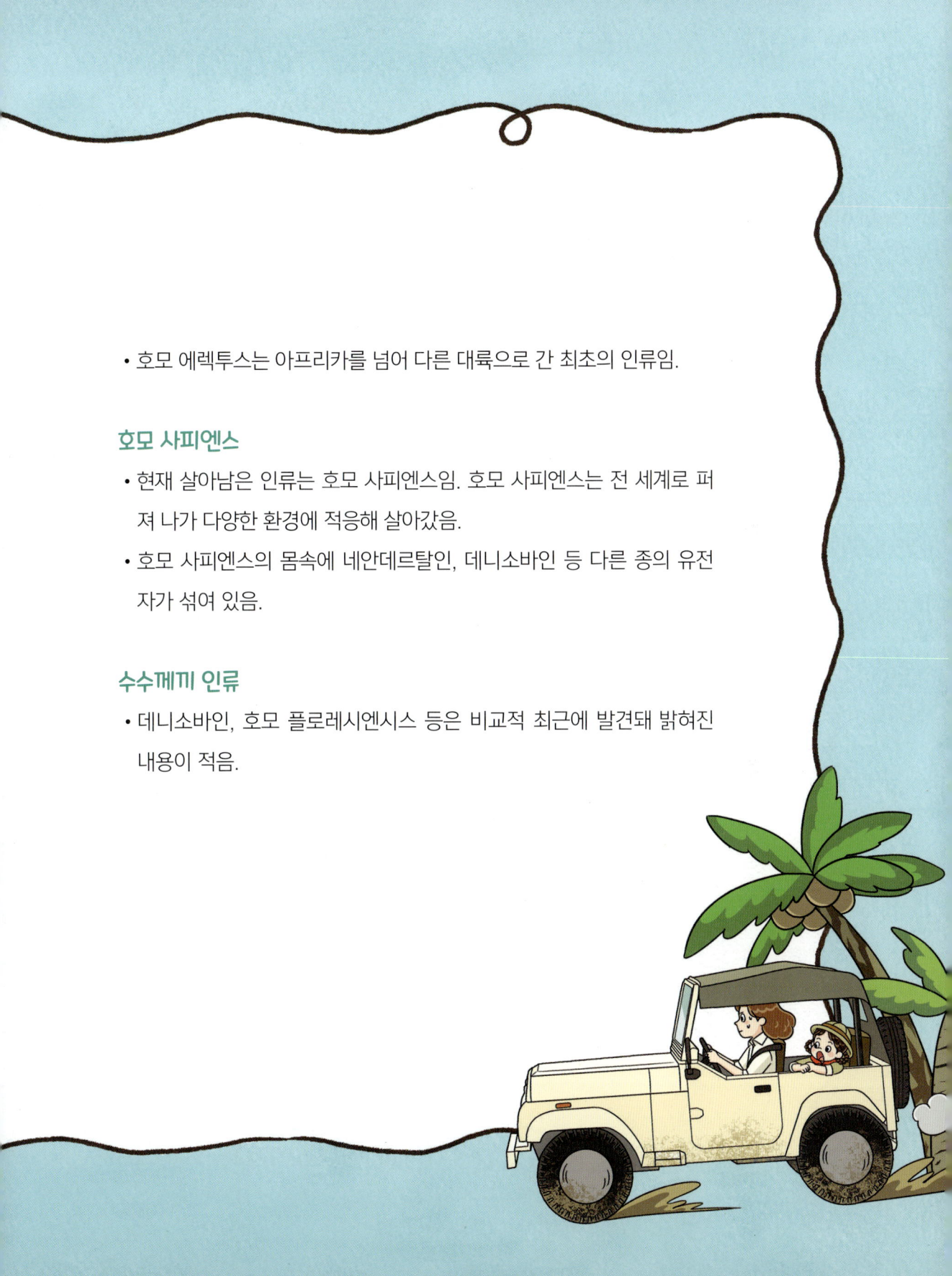

- 호모 에렉투스는 아프리카를 넘어 다른 대륙으로 간 최초의 인류임.

호모 사피엔스
- 현재 살아남은 인류는 호모 사피엔스임. 호모 사피엔스는 전 세계로 퍼져 나가 다양한 환경에 적응해 살아갔음.
- 호모 사피엔스의 몸속에 네안데르탈인, 데니소바인 등 다른 종의 유전자가 섞여 있음.

수수께끼 인류
- 데니소바인, 호모 플로레시엔시스 등은 비교적 최근에 발견돼 밝혀진 내용이 적음.

네안데르탈인이 식인종이라고?

식인종은 사람을 잡아먹는 풍습을 가진 인종을 말해요. 식인 풍습은 드물기는 해도 인류 역사에 늘 있어 왔는데, 네안데르탈인이 식인종이었다는 소문이 있어요. 과연 사실일까요?

네안데르탈인이 사람을 먹었다?

네안데르탈인이 식인종이라는 주장은 왜 나왔을까요? 네안데르탈인이 살던 동굴에서 그들의 이(치아)가 섞인 똥이 발견됐거든요. 사실 똥의 주인은 하이에나였어요. 그러니까 하이에나가 네안데르탈인을 잡아먹은 거예요. 크로아티아의 동굴에서 네안데르탈인 화석이 나왔을 때도 일부 학자들은 네안데르탈인이 식인종이라고 주장했어요. 뼈가 거의 조각난 데다, 뼈 곳곳에 칼자국이 많이 나 있었거든요. 네안데르탈인은 정말 식인종이었을까요?

식인이 아닌 장례 문화

크로아티아의 동굴은 1899년부터 발굴이 시작됐어요. 그 당시만 해도 네안데르탈인은 사나우며 멍청하다고 생각했는데, 그래서 뼈에 난 칼자국을 보고 식인종이라고 쉽게 오해했던 거예요.

1980년대, 미국의 인류학자 메리 러셀은 네안데르탈인이 식인종이 아니라고 주장했어요. 잡아먹은 동물 뼈에 난 칼자국과 비교해 보니 차이가 있었거든요. 그러면서 죽은 사람의 장례를 치르려고 뼈를 깨끗이 손질한 자국이라고 밝혔지요.

이후 네안데르탈인이 채소와 곡식을 삶거나 구워서 먹었다는 증거도 나왔어요. 이렇게 해서 네안데르탈인에 대한 오해가 차츰 풀리기 시작했답니다. 그들이 정성껏 무덤을 만들어 묻은 풍습만 봐도 사람을 잡아먹는 식인종이라고 보기는 어려울 것 같지요?

- 두 발로 걸어야 사람
- 두 발 걷기가 남긴 것
- 머리가 똑똑해야 사람
- 직립 보행과 큰 머리 때문에
- 털 대신 얻은 매끈한 피부

한눈에 쏙 인류의 특징
한 걸음 더 우리 몸에 남은 진화의 흔적들

두 발로 걸어야 사람

인류와 다른 동물을 가르는 가장 큰 차이점은 무엇일까요? 많은 사람이 똑똑한 머리를 떠올려요. 그래서 유인원과 갈라져 진화할 때 머리부터 커졌을 것이라고 생각하지요. 그런데 머리보다 두 발이 먼저 변화했답니다.

머리보다 먼저 변한 두 발

앞에서 살펴본 대로 오스트랄로피테쿠스는 두 발로 걸었어요. 아프리카 탄자니아에 발자국 화석이 또렷하게 남아 있지요. 이 발자국 화석을 보면 오스트랄로피테쿠스의 발은 우리와 매우 닮았어요. 엄지발가락이 다른 발가락과 나란히 나 있으며 발바닥이 오목하지요. 나무를 타기보다는 땅을 박차고 걷기에 좋은 모양이에요. 이것은 오스트랄로피테쿠스가 우리와 비슷하게 걸었다는 결정적 증거예요.

발자국 비교

- 큰 엄지발가락이 다른 발가락과 나란히 나 있어서, 걸을 때 균형을 잡고 땅을 밀어내기 좋아요.
- 오목한 발바닥은 걸을 때 전달되는 충격을 줄여 줘요.

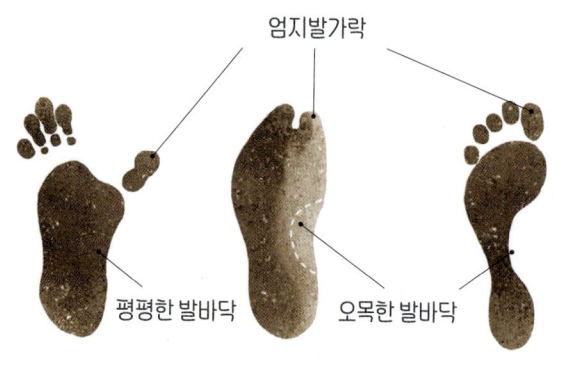

침팬지 / 오스트랄로피테쿠스 / 현대인

엄지발가락 때문이야!

　오스트랄로피테쿠스보다 먼저 나타난 아르디피테쿠스 라미두스를 기억하나요? 두 발로 걷는 능력을 갖추었을 것으로 보이지만, 학자에 따라서는 인류와 유인원의 중간 단계로 보기도 해요. 엄지발가락 때문이에요. 엄지발가락이 엄지손가락처럼 벌어져 있어서 인류보다 유인원과 닮았거든요. 아마도 나무 위에서 주로 생활해서 이런 발 모양이 유리했을 거예요. 물론 땅에서는 두 발로 걸었지만요. 이는 두 발 걷기가 어느 날 갑자기 나타난 게 아니라, 단계를 거쳐 차츰 나타났다는 증거가 될 수 있어요.

유인원도 두 발로 걷는다고?

　유인원도 두 발로 걸을 때가 있어요. 그런데 완전한 두 발 걷기가 아니에요. 유인원은 그 자세를 오래 유지하지 못하고 곧 네발로 돌아가요. 빨리 이동할 때는 더 그렇고요.

　유인원이 땅에서 이동할 때는 뒷발과 함께 손등으로 땅을 짚으면서 걷는 너클 보행을 해요. 등을 꼿꼿하게 세우고 두 발로 걷는 사람의 걸음걸이와는 분명히 달라요.

침팬지의 너클 보행

두 발 걷기가 남긴 것

인류는 등을 꼿꼿하게 세우고 두 발로 걷는 직립 보행을 하면서 많은 것을 얻었어요. 물론 잃은 것도 있지요. 진화는 더 나은 방향으로 나아가는 것이 아니라, 환경에 맞추어 변화하는 것이니까요.

직립 보행이 준 선물

인류는 꼿꼿하게 서서 더 멀리 내다볼 수 있게 됐어요. 시야가 넓어지니 동물의 공격을 피하거나, 먹거리를 찾는 일이 보다 쉬워졌지요. 또 가슴이 펴져 숨쉬기가 편해 목소리가 잘 나오게 됐고요.

팔(앞발)보다 다리(뒷발)가 길어지며 키도 커졌어요. 허벅지와 엉덩이 근육도 발달해 더 오래 더 멀리 이동할 수 있었지요.

한편 두 발로 걸으니 두 손이 자유로웠어요. 덕분에 인류는 머리를 써서 도구를 만들었고, 이 과정에서 뇌도 점점 커졌지요.

그뿐이 아니에요. 네발로 걸을 때보다 두 발로 걸을 때 에너지를 덜 썼어요. 덕분에 남는 에너지를 우리 몸의 다른 곳에서 쓸 수 있게 됐답니다.

직립 보행의 대가

지구에 사는 생명체는 중력에서 벗어날 수 없어요. 중력은 지구 위 물체가 지구로부터 받는 힘인데, 직립 보행을 하면서 인류는 전보다 중력의 영향을 크게 받고 있지요.

먼저 심장이 힘들어졌어요. 네발로 걸을 때보다 심장 위치가 머리, 가슴, 팔보다 낮아져 중력을 거슬러 피를 올려 보내야 하니까요. 척추와 허리에도 무리를 주게 됐어요. 네발에 골고루 나뉘던 무게가 직립 보행을 하고부터는 척추와 허리에 집중됐거든요. 인류는 갖은 통증과 디스크라는 병에 시달리게 됐어요. 또 무거운 머리를 목과 어깨가 받치게 돼 쉽게 뻐근해지고는 하지요.

네발에서 두 발로

머리가 똑똑해야 사람

인류의 뇌는 수백만 년에 걸쳐 점점 커졌어요. 이렇게 똑똑해진 머리로 도구를 만들고, 그림을 그리고, 이야기를 나누고, 서로 돕거나 싸우기도 했지요.

머리가 클수록 똑똑할까?

머리가 크면 똑똑하다는 말이 있어요. 머리가 크면 그 속에 든 뇌도 클 테니까요. 그렇다면 뇌가 큰 동물이 가장 똑똑할까요?

바다에 사는 향유고래는 지구에서 가장 큰 뇌를 가진 동물로 알려져 있어요. 뇌 무게가 8킬로그램쯤 되지요. 육지에서 가장 몸집이 큰 코끼리의 뇌 무게는 5킬로그램 정도이고요. 이에 비해 사람의 뇌 무게는 어른 기준으로 1.4킬로그램 안팎이랍니다. 향유고래와 코끼리는 사람보다 뇌가 크지만 지능은 낮아요. 뇌가 크다고 해서 반드시 더 똑똑한 것은 아니에요. 지능은 뇌를 어떻게 쓰는지에 따라서도 발달하거든요.

점점 커진 인류의 뇌

오스트랄로피테쿠스인 루시는 뇌 용량이 400밀리리터(mL) 정도 됐어요. 침팬지와 비슷한 수준이지요. 이후 인류의 뇌는 점점 더 커졌어요. 200만 년 전쯤부터는 특히 커져, 호모 에렉투스의 뇌 용량은

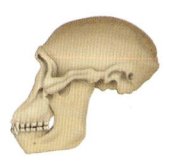 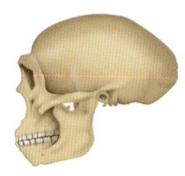 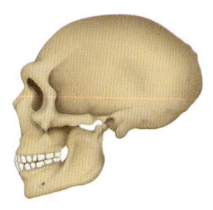 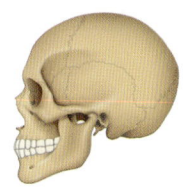

오스트랄로피테쿠스 400mL   호모 에렉투스 900mL   네안데르탈인 1,450mL   호모 사피엔스 1,400mL

900밀리리터에 이르렀지요. 현재 인류인 호모 사피엔스의 뇌 용량은 약 1,400밀리리터예요. 네안데르탈인의 뇌 용량은 1,450밀리리터 정도로 호모 사피엔스보다 조금 컸고요.

똑똑해진 비결이 무엇일까?

인류의 뇌가 이렇게 커진 가장 큰 원인은 200만 년 전 잇달아 일어난 기후 변화 때문이에요. 변덕스러운 환경에 적응하려고 머리를 쓰면서 지능이 발달해 똑똑해졌지요. 한편 뇌는 에너지를 많이 사용하는 기관이에요. 그런데 식물만으로는 충분한 에너지를 얻기가 힘들어요. 인류는 고기를 먹어 뇌에 필요한 에너지를 보충하게 됐지요. 음식을 불로 익혀 먹으면서부터는 소화가 쉬워져 뇌를 쑥쑥 키울 수 있었답니다.

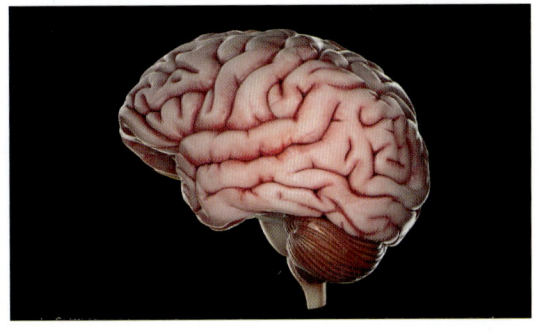

사람의 뇌

직립 보행과 큰 머리 때문에

인류는 직립 보행을 하고 똑똑한 머리를 가진 덕분에 지금까지 잘 살고 있어요. 그런데 이러한 특징이 과연 좋기만 할까요?

골반은 좁아지고 머리는 커지고

지금처럼 의학이 발달하기 전에는 엄마가 아기를 낳다가 죽는 일이 흔했어요. 아기가 죽는 경우도 있었고요. 출산 자체가 힘들고 위험한 과정이었거든요. 다른 동물도 비슷할까요? 개는 한 번에 새끼 여러 마리를 낳아도 보통은 별문제 없어요. 새끼 한 마리를 배어 낳는 침팬지도 마찬가지고요. 그런데 사람의 출산은 왜 이토록 힘들고 위험할까요? 엄마의 골반에 비해 아기의 머리가 크기 때문이에요.

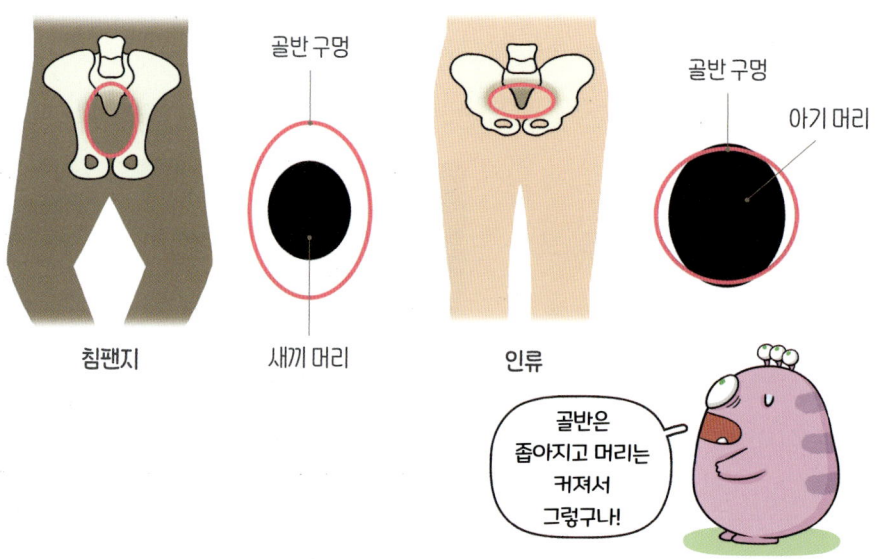

인류가 직립 보행을 하면서 골반 모양이 차츰 변했어요. 걸을 때 균형을 잡고 윗몸을 튼튼하게 받치기 위해 옆으로 벌어지고 앞뒤로 좁아졌지요. 그런데 머리와 뇌는 점점 커졌잖아요. 아기가 나오는 골반 공간은 좁은데 아기의 머리는 크니까 낳는 게 힘들 수밖에요.

아기를 안전하게 낳으려면

인류는 직립 보행과 큰 머리 때문에 출산의 고통을 겪어야 했어요. 아기를 쉽게 낳으려면 둘 중 하나를 포기해야 했겠지요? 하지만 무엇도 포기할 수 없었어요. 어쩔 수 없이 출산의 고통을 그대로 떠안아야 했지요. 지난 세월 동안 인류는 어렵게 아기를 낳았어요. 그래도 자손이 끊겨 멸종하지는 않았는데, 아기를 안전하게 낳는 쪽으로 진화한 덕분이에요.

아기는 머리와 뇌가 덜 자란 상태로 태어나요. 어른의 뇌 용량은 약 1,400밀리리터이지만, 아기가 태어날 때는 겨우 400밀리리터 정도이지요. 이후 뇌는 무럭무럭 자라서 한 해 만에 900밀리리터에 이르러요. 일 년 동안 두 배 넘게 성장하는 셈이에요.

사회적 진화도 있었어요. 보통 동물은 출산이 다가오면 안전한 곳을 찾아 숨어 혼자 새끼를 낳아요. 그런데 인류는 다른 사람의 도움을 받아 출산하는 쪽을 택했어요. 출산 경험이 많은 주변 사람의 도움으로 아기를 무사히 낳게 됐지요.

털 대신 얻은 매끈한 피부

다른 많은 동물처럼 초기 인류도 털이 수북했어요. 그런데 오늘날 우리는 왜 털이 적은 편으로 진화했을까요?

땀 흘리는 매끈한 피부

과거에 인류는 사냥을 해서 고기를 얻었어요. 사냥은 보통 사나운 동물이 활동하는 밤을 피해 낮에 이루어졌고요. 그런데 한낮의 사냥에 수북한 털은 방해가 됐어요. 조금만 뛰어도 체온(몸의 온도)이 올라서 사냥감을 쫓아다니기 힘들었거든요. 사람은 땀을 흘려서 체온을 조절해요. 땀이 날아가면서 열을 빼앗아 체온을 낮춰 주지요. 이렇게 사람의 피부는 털을 줄이는 대신 수많은 땀구멍을 가지도록 진화했어요. 키다리 사냥꾼 호모 에렉투스를 기억하나요? 인류는 호모 에렉투스 때부터 수북한 털 대신 땀 흘리는 매끈한 피부를 가졌을 것으로 추측해요.

최초의 인류는 검은 피부

땀 흘리는 매끈한 피부는 과연 좋기만 했을까요? 세상에 좋기만 한 것은 없어요. 털이 줄어들자 피부는 햇빛 속 자외선을 그대로 받게 됐거든요. 자외선을 많이 받으면 건강에 해로워요. 그래서 피부는 멜라닌을 늘려 자외선을 덜 받아들이게 진화했지요. 멜라닌은 우리 몸에서 만들어지는 어두운 색소로, 그 양이 많을수록 피부, 털, 눈동자 색깔이 짙어져요. 인류가 처음 시작된 아프리카는 햇빛이 쨍쨍 내리쬐는 곳이에요. 따라서 인류의 조상은 피부색이 검었지요.

피부색이 다양한 이유

현재 인류는 왜 피부색이 다양할까요? 인류가 아프리카를 넘어 전 세계로 퍼져 나갔기 때문이에요. 각 지역의 환경에 따라 피부색이 변한 것이지요. 일 년 내내 햇빛이 약한 지역에 사는 사람들은 멜라닌 색소가 줄어 피부색이 옅어졌어요. 우리나라처럼 겨울에만 햇빛이 약한 지역으로 옮겨 간 사람들은 중간 정도의 피부색을 갖게 됐고요. 햇빛을 가장 많이 받는 적도 지방 가까이 사는 사람들은 피부가 그대로 검지요.

환경에 적응해 달라진 피부색

인류의 특징

인류의 직립 보행
- 인류의 가장 큰 특징 가운데 하나는 등을 꼿꼿하게 세우고 두 발로 걷는 직립 보행임.
- 인류는 직립 보행을 하면서 시야가 넓어지고, 먼 거리를 이동할 수 있게 됐으며, 자유로워진 두 손으로 도구를 만들어 썼음.
- 직립 보행으로 여러 통증과 질병을 얻게 됐음. 진화는 더 나은 방향으로 나아가는 것이 아니라, 환경에 맞추어 변화하는 것이기 때문임.

인류의 지능 발달
- 초기 인류의 뇌 용량은 침팬지와 비슷한 수준이었음. ➡ 변덕스러운 환경에 적응하려고 머리를 쓰면서 뇌가 커지고 지능이 높아졌음.
- 고기를 먹어 에너지를 충분히 얻으면서 뇌 크기가 점점 커졌음.
- 음식을 불로 익혀 먹으면서부터는 소화가 쉬워져 뇌를 쑥쑥 키웠음.

출산의 고통
- 직립 보행을 하면서 골반 모양이 변함. 골반은 좁아지고 아기 머리는 커져서 출산의 고통을 겪게 됨. ➡ 오랫동안 출산은 힘들고 위험한 일이었

음. ➡ 인류는 머리와 뇌가 덜 자란 상태로 태어남. 또 아기를 낳을 때 다른 사람의 도움을 받는 사회적 진화를 통해 문제를 해결했음.

인류의 피부
- 사람은 땀을 흘려서 체온을 조절함. 땀이 날아가면서 열을 빼앗아 체온을 낮춤.
- 초기 인류의 수북한 털은 더운 환경에서 사냥할 때 방해가 됐음. ➡ 인류는 수북한 털 대신 땀 흘리는 매끈한 피부를 가지도록 진화했음.
- 자외선을 막아 줄 털이 줄어들자 인류는 멜라닌 색소로 피부를 보호하도록 진화함. ➡ 멜라닌 색소가 많을수록 피부색이 어두움. 아프리카에 살던 초기 인류는 피부색이 검었음. ➡ 인류가 세계로 퍼져 나가며 각 환경에 적응해 피부색이 다양해졌음.

우리 몸에 남은 진화의 흔적들

진화 과정을 들여다보면 자주 쓰는 기관은 점점 발달하고, 반대로 쓰지 않는 기관은 점점 작아지거나 없어져 퇴화돼요. 우리 몸에도 이렇게 제 기능을 잃은 기관이 남아 있어요.

꼬리도 없고 털도 거의 없는데

원숭이는 꼬리가 있어요. 꼬리는 이동할 때 몸의 균형을 맞추고 나무에 매달릴 때도 도움이 되지요. 그런데 유인원과 인류는 꼬리가 없어요. 아마 진화 과정에서 꼬리가 점점 짧아져 없어졌을 거예요. 대신 꼬리의 흔적인 꼬리뼈가 남아 있지요. 꼬리뼈는 쓸모없어 보여도 앉아 있는 동안 무게를 받치는 역할을 해요.

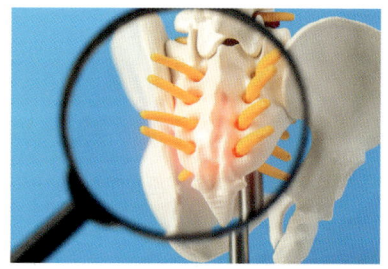

흔적 기관으로 여겨지는 꼬리뼈

털세움근은 털을 꼿꼿이 서게 하는 근육이에요. 동물은 털세움근을 써 몸을 크게 보이고 체온을 지켜요. 인류에게 이제 필요 없지만, 여전히 털세움근이 남아서 춥거나 겁에 질릴 때 피부를 오톨도톨하게 만들어요. 이것이 흔히 말하는 닭살이랍니다.

누구는 있고 누구는 없는 것

개가 주변 소리를 더 잘 들으려고 귀를 쫑긋거리는 것을 본 적 있을 거예요. 동이근은 귀를 움직이는 근육으로, 꼬리뼈와 비슷하게 남은 흔적 기관이랍니다. 인류의 시야가 넓어지면서 퇴화한 것으로 보이는데, 동이근을 써서 귀를 움직이는 사람도 꽤 있어요.

긴손바닥근은 아래팔에 있는 근육이에요. 나무를 타는 원숭이에게 발달해 있는 반면 고릴라, 침팬지, 인류에게 있어서는 퇴화 중이지요. 실제로 한국인 가운데 약 3퍼센트, 서양인 가운데 약 15퍼센트가 긴손바닥근이 없어요.

초기 인류는 턱뼈가 컸어요. 음식을 익혀 먹으면서부터 턱뼈가 작아졌는데, 입안까지 좁아져 맨 안쪽 사랑니가 안 나오는 경우가 많지요. 아예 사랑니가 없는 사람도 있어요.

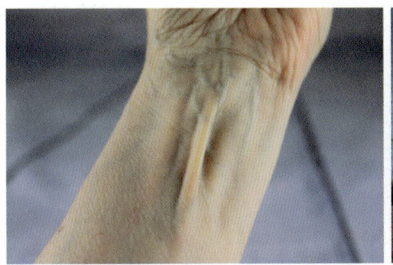
퇴화 중인 긴손바닥근

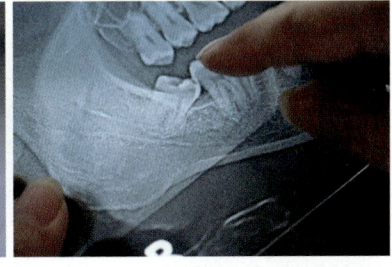
잇몸 속에 누워 있는 사랑니

- 도구를 만드는 인류
- 불을 다루는 인류
- 옷을 입는 인류
- 말하는 인류

한눈에 쏙 인류가 살아남은 이유
한 걸음 더 끌리는 데는 이유가 있다고?

도구를 만드는 인류

다른 동물과 비교하면 우리 몸은 자연에서 살아가기에 약한 편이에요. 인류는 어떻게 지금까지 살아남았을까요? 그건 바로 도구를 만들어 약점을 이겨 냈으니까요!

동물의 도구와 달라

도구를 쓸 줄 아는 동물도 있어요. 해달은 돌로 조개껍데기를 깨 먹고, 침팬지는 개미굴에 긴 나뭇가지를 넣어 흰개미를 잡아먹지요. 또 까마귀, 돌고래, 코끼리 등도 도구를 쓸 줄 안다고 해요. 그런데 인류의 도구는 달라요. 동물은 주변에 있는 것을 가져다 쓸 뿐이지만, 사람은 필요에 따라 도구를 직접 만들어요. 돌을 깨고 갈아서 칼을 만들고, 나뭇가지를 날카롭게 다듬어 창을 만들고, 진흙을 빚어서 그릇을 만들지요. 이 모두는 직립 보행으로 두 손이 자유로워진 덕분이었어요. 이런저런 도구를 만들어 쓰면서 지능도 발달해 갔지요.

돌로 만든 도구, 석기

과거 인류는 자연에서 얻은 재료로 도구를 만들었어요. 그중 돌로 만든 도구, 석기는 썩지 않고 오래오래 남아 있지요.

지금까지 발견된 석기 가운데 가장 오래된 것은 구석기 시대의 올도완 석기예요. 돌 한쪽을 깨서 날을 만들고, 반대쪽을 손잡이로 삼았지요. 뼈를 발라내거나, 뼈를 부수어 속에 든 골수를 꺼내는 등 다양한 일에 쓰였고요. 실제로 고인류 화석과 함께 발견된 동물 뼈에서 날카롭게 찍힌 자국을 찾아볼 수 있어요.

올도완 석기

다음으로 등장한 석기는 아슐리안 석기예요. 양날의 물방울 모양이 특징이지요. 돌을 깨서 양쪽에 날을 제대로 만드는 일은 꽤 까다로웠어요. 그래서 아슐리안 석기가 나온 곳에서는 만들다 실패한 돌 조각이 함께 발견되고는 해요. 아슐리안 석기는 전 세계 곳곳에서 발견돼요. 우리나라 경기도 연천 전곡리에서도 아슐리안 석기를 포함한 다양한 구석기 시대 유물이 발견됐지요.

아슐리안 석기

돌이 만능 도구였던 석기 시대

구석기 시대는 대개 330만 년에서 1만 년 전까지의 시기로, 돌을 다듬는 기술이 아직 모자라서 단순히 돌을 깨뜨려서 도구를 만들었어요. 이때는 주로 사냥을 하고, 자연의 식물을 모아 먹고 살았지요. 이후 신석기 시대에는 돌을 갈아서 좀 더 정교한 도구를 만들어 쓰게 됐어요. 또 농사를 짓고, 가축을 기르며, 진흙을 빚어 그릇을 만들었답니다.

불을 다루는 인류

동물은 불을 두려워해요. 불이 나면 숲이 통째로 타 버리고 목숨까지 위험하니까요. 인류도 처음에는 그랬을 거예요. 그러다 어쩌다 불을 얻게 됐고, 차츰 불을 다루게 되면서 깨달았지요. 불을 잘 쓰면 인류가 앞으로 나아갈 수 있다는 사실을요.

불과 함께 넓은 세상으로

인류는 약 150만 년 전부터 불을 쓰기 시작했어요. 호모 에렉투스가 살았던 동굴에서 불에 타고 남은 재와 동물 뼈 등이 발견됐지요. 불을 다루어 생활에 흔히 이용한 것은 그보다 뒤인 5만 년 전쯤으로 보이고요. 불을 다루면서 인류는 깜깜한 밤에도 활동할 수 있게 됐어요. 동물의 공격으로부터 몸을 지킬 수 있었고요. 또 불을 피워서 추위도 막았지요. 불은 보다 넓은 지역으로 이동하는 데도 도움이 됐답니다.

인류를 발전시킨 불

요리의 시작

익히지 않은 날고기는 소화하기가 어려워요. 그래서 고인류는 턱, 어금니, 위 등은 크고 창자는 길었어요. 소화에 에너지를 많이 썼고요. 고기를 불로 충분히 익히면 씹고 삼키기가 쉬워요. 불을 쓰면서 인류의 소화 기관은 점점 작아지거나 짧아졌어요. 또 남는 에너지를 뇌에 쓰면서 점점 똑똑해졌지요.

한편 날곡식은 소화가 잘되지 않을뿐더러 배탈을 일으키고는 해요. 이 문제도 불이 해결해 주었고 이후 농사를 시작하면서 보리, 밀, 쌀 등은 인류가 주로 먹는 주식이 됐지요.

얼굴 모양도 변해

익힌 음식을 먹으면서 얼굴 모양도 달라졌어요. 오스트랄로피테쿠스는 질긴 풀과 단단한 열매 등을 꼭꼭 씹느라 턱이 크고 강했어요. 어금니도 컸고요. 호모 에렉투스는 턱과 어금니가 그보다 작았어요. 음식을 불로 익히면 부드러워져서 덜 씹어도 됐거든요. 오늘날 인류는 우락부락한 고인류에 비하면 훨씬 날렵한 턱과 작은 어금니를 가지고 있어요.

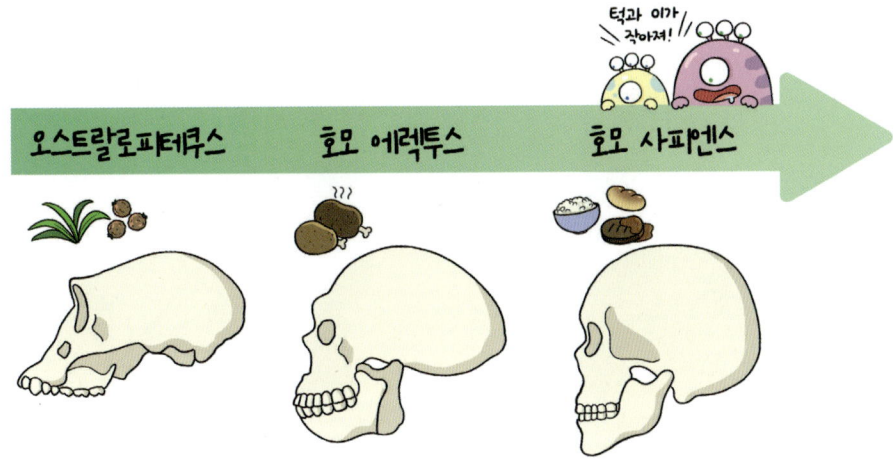

옷을 입는 인류

네안데르탈인은 호모 사피엔스보다 몸이 다부지고 힘이 셌어요. 그런데 왜 네안데르탈인은 멸종하고 호모 사피엔스만 살아남았을까요? 어떤 학자들은 바늘 때문이라고 생각해요. 옷을 만들 때 쓰는 그 작은 바늘 말이에요.

언제부터 옷을 입었을까?

수북한 털 대신 매끈한 피부를 가지게 된 인류는 추위와 자극에 약했어요. 그래서 나뭇잎이나 동물 가죽으로 몸을 가리기 시작했지요.

인류가 바늘로 옷을 지어 입기 시작한 때는 적어도 5만 년 전으로 추측해요. 이때 썼던 바늘이 발견됐거든요. 이때는 아프리카에 살던 호모 사피엔스 일부가 유럽, 아시아, 오세아니아 등으로 퍼져 나간 뒤

로, 기후가 지금보다 추웠어요. 특히 유럽과 아시아에서는 추웠다가 더웠다가 하는 변덕스러운 기후가 나타났지요. 이런 환경에 적응하지 못한 생명체는 살아남기가 힘들었겠지요? 다행히 인류는 옷을 만들어 입어서 추위를 이겨 냈어요.

바늘로 촘촘히 꿰맨 옷

인류가 처음 만든 옷은 단순했을 거예요. 가죽을 몸에 둘러 끈으로 묶거나, 가죽에 구멍을 내 끈으로 이어 입는 식으로요. 맨몸보다는 나아도 찬바람이 숭숭 들어왔겠지요.

호모 사피엔스는 동물의 뼈나 뿔 등에 구멍을 뚫고 한쪽 끝을 날카롭게 갈아 바늘을 만들었어요. 뼈바늘에 끈이나 실을 꿰어 가죽을 이어 꿰매면 제법 그럴듯한 옷이 완성됐지요. 바늘로 한 땀 한 땀 촘촘히 떠서 만든 옷은 추위와 자극으로부터 몸을 든든히 지켜 줬답니다. 한편 네안데르탈인이 멸종한 원인으로 여러 가지 이야기가 나오는데, 그중 바늘을 발명하지 못한 탓이라는 의견이 있어요. 가죽을 걸치고 끈으로 묶는 단순한 수준이었기 때문에 몸을 제대로 보호하지 못해서 결국 멸종에 이르게 됐다고요.

뼈바늘

말하는 인류

인류는 말로 생각과 뜻을 나누어요. 동물도 소리를 내 소통하기는 하지만, 사람처럼 다양하고 복잡한 내용을 모두 전하지는 못해요.

인류는 언제 말을 했을까?

인류가 언제쯤 말을 시작했는지 확실히 알 수 없어요. 다만 몸의 구조와 생김새를 보고 그 시기를 추측할 뿐이지요.

침팬지는 소리를 내서 서로 소통해요. 오스트랄로피테쿠스는 침팬지에 비해 소리를 내는 기관인 성대가 발달해 있어요. 그래서 어떤 학자들은 인류가 이때도 말을 했을 것이라고 봐요. 지금과 같은 수준은 아니더라도 꽤 다양한 소리를 내서 뜻을 전했을 것이라고요.

말하는 기능은 왼쪽 뇌 앞부분의 브로카 영역이 맡고 있어요. 호모 하빌리스 때부터 이 영역이 발달한 것을 확인할 수 있지요. 호모 에렉투스 때는 전보다 뇌가 훨씬 커졌으니 말을 했을 거라고 보고요.

말 잘하는 호모 사피엔스

호모 사피엔스는 말을 잘한 덕분에 서로서로 도우며 더불어 살았어요. 한편 네안데르탈인이 말을 잘 못해서 문명*을 세우지 못했다는 주장도 있어요. 그런데 네안데르탈인의 목뿔뼈가 우리와 비슷한 것을

★ **문명** 자연 그대로의 원시 사회에 견주어 학문이나 기술, 예술 같은 것이 크게 앞선 것.

보면, 네안데르탈인도 말을 했다는 의견에 힘이 실려요. 목뿔뼈는 소리를 내는 데 중요한 역할을 하거든요.

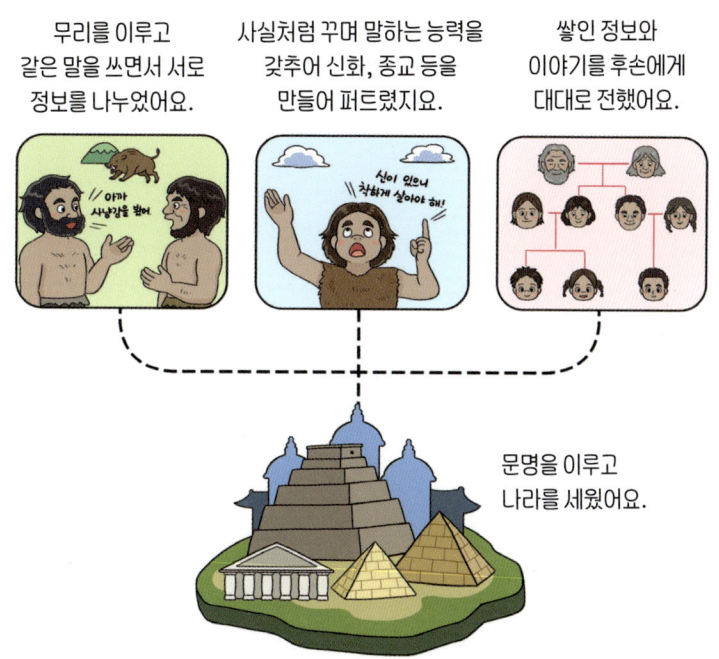

털 고르기와 수다 떨기

유인원은 서로 털을 다듬어 주며 한 무리로 어울려 살아요. 인류의 수다 떨기는 이와 닮았어요. 서로 웃고 떠들며 사회적 관계를 쌓아 나가니까요. 영국의 인류학자 로빈 던바는 인류의 수다 떨기가 유인원의 털 고르기와 비슷한 역할을 한다고 봤어요. 인류는 유인원보다 더 큰 집단을 이루어 살아가잖아요? 또 털이 별로 없기도 하고요. 그래서 털 고르기보다 수다 떨기가 사회적 관계를 쌓는 효과적 방법이 됐을 것이라고 주장해요.

한눈에 쏙!

인류가 살아남은 이유

인류의 도구

- 도구를 직접 만들어 쓰는 동물은 인류뿐임.
- 인류는 직립 보행을 하면서 자유로워진 두 손으로 도구를 만들어 씀. ➡ 도구를 만들어 쓰면서 지능이 발달했음.
- 처음에는 자연에서 얻은 재료로 도구를 만들었음. 돌로 만든 석기가 지금도 남아 있음.
- 올도완 석기: 지금까지 발견된 석기 가운데 가장 오래된 것으로, 돌 한쪽을 깨서 날카로운 날을 만들어 썼음.
- 아슐리안 석기: 올도완 석기 다음으로 등장한, 날카로운 양날을 가진 물방울 모양의 석기임.

인류와 불

- 불은 인류에게 커다란 영향을 미쳤음. 인류는 불을 이용해 어둠을 밝히고, 추위와 동물로부터 몸을 보호했으며, 보다 넓은 곳으로 이동할 수 있게 됨.
- 음식을 불로 익혀 먹으면서 뇌에서 더 많은 에너지를 쓸 수 있게 됨. 인류는 뇌를 키워 똑똑해졌음.

옷의 탄생
- 수북한 털 대신 매끈한 피부를 가진 인류는 추위와 자극에 약했음. ➡ 나뭇잎이나 동물 가죽으로 몸을 가리기 시작했음.
- 인류는 뼈바늘로 제대로 된 옷을 만들어 입으면서 추운 환경에도 적응해 살아남았음.

인류의 말
- 인류는 말로 소통해 서로 협력했음.
- 인류는 쌓인 정보와 이야기를 후손에게 전하여 문명을 이루고 나라를 세웠음.

한 걸음 더!

끌리는 데는 이유가 있다고?

아무 이유 없이 무엇에 끌리는 경우가 있잖아요? 어쩌면 생존에 유리하기 때문인지도 몰라요.

참을 수 없는 바삭한 맛

많은 사람이 바삭한 맛을 좋아해요. 이는 우리 조상의 입맛에서 비롯된 것이라고 해요. 과거 인류에게 바삭한 먹거리는 곧 신선하고 영양분이 많다는 것을 뜻했어요. 오래된 채소는 늘어져 흐물흐물하지만, 싱싱한 채소를 씹으면 아삭아삭하잖아요. 곤충의 껍데기도 단단해서 씹으면 바삭바삭해요. 곤충은 잡기 쉬우며 영양분이 풍부한 먹거리였어요. 이런 맛에 오랫동안 길들여졌기 때문에 오늘날에도 바삭한 음식에 끌리는 것이라고 하지요.

지금도 어떤 지역에서는 곤충을 먹어요. 징그럽게 느껴진다고요? 곤충은 영양분이 풍부할 뿐 아니라, 다른 가축 사업과 비교했을 때 이산화 탄소를 덜 내놓아서 미래 식량으로서 주목을 받고 있답니다.

왜 예쁘고 잘생긴 사람에게 끌릴까?

예쁘고 잘생긴 사람에게 끌리는 데는 진화의 영향도 있어요. 물론 외모의 기준은 저마다 달라요. 하지만 여러 문화권에서 공통으로 좋아하는 특징이 보인답니다. 깨끗한 피부, 양쪽이 균형을 이룬 얼굴, 곧고 탄탄한 몸 등이 있지요. 이런 특징이 건강 상태를 어느 정도 나타내 주거든요. 건강한 짝을 찾으려는 타고난 본능이 지금까지 남아 그 영향을 받고 있는 것이에요.

- 수렵 채집을 지나 농사로
- 인류를 바꾼 농사
- 서로를 길들인 사람과 가축
- 인류는 지금도 진화하고 있어

한눈에 쏙 인류를 바꾼 문화적 진화
한 걸음 더 우리 몸이 기억하는 과거

수렵 채집을 지나 농사로

인류는 수백만 년 동안 동물을 사냥하고 자연의 식물을 모아 먹고 살았어요. 그러다 1만 년 전쯤에 엄청난 변화를 맞았는데, 바로 농사를 시작한 거예요.

수렵 채집의 시대

인류는 처음에 수렵 채집 생활을 했어요. 수렵 채집은 자연에서 동식물을 직접 구해 먹고 사는 것을 뜻해요. 많은 동물이 이런 식으로 먹이를 구하지요.

인류의 수렵 채집 생활은 어땠을까요? 하루 종일 숲과 들을 헤매고 다녀도 먹을 것을 구하지 못해 쫄쫄 굶지는 않았을까요? 연구 결과를 보면 그렇지도 않아요. 인류는 하루에 서너 시간 정도 돌아다니면 배를 채울 수 있었거든요. 고기, 식물, 버섯 등에서 다양한 영양분을 얻

은 덕분에 비교적 건강했고요. 놀고 쉬는 시간도 넉넉했어요. 적당히 일하고, 적당히 먹고, 적당히 노는, 꽤 괜찮은 삶이었지요.

왜 농사를 시작했을까?

수백만 년 동안 자연에서 먹거리를 구하던 인류가 왜 농사를 짓기 시작했을까요? 기후에 변화가 생겼기 때문이에요.

구석기 시대에는 추운 빙하기와 따뜻한 간빙기가 번갈아 나타났어요. 신석기 시대로 넘어갈 때는 빙하기가 끝나 기후가 점점 따뜻해졌고요. 그러면서 농사에 적당한 환경이 갖춰졌어요. 비옥*한 지역에서 어쩌다 농사를 시작했을 거예요. 땅에 떨어진 씨앗이 시간이 지난 뒤에 열매를 맺는 것을 보고서요.

인류가 맨 처음 농사를 지은 곳은 현재 이라크, 시리아, 이집트 나일강 주변 지역이에요. 땅 모양이 초승달과 비슷해서 '비옥한 초승달 지대'라고 불리지요. 이후 인도, 중국, 중앙아프리카, 아메리카 등 세계 곳곳에서 농사가 시작되었어요. 농사는 어느 한 지역에서 시작돼 넓게 퍼진 게 아니었어요. 각 지역에서 저마다의 방법으로 농사가 시작됐지요.

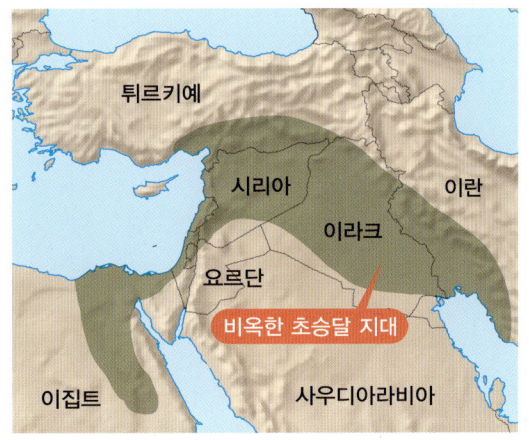

★ **비옥** 땅이 기름지고 양분이 많음.

 **인류를 바꾼 농사**

문득 궁금해져요. 농사를 지으면서 인류는 더 배불리 먹고 잘 살았을까요? 과연 농사는 인류의 진화에 도움이 됐을까요?

농사를 시작하고 더 힘들어져

수렵 채집 생활을 하던 인류는 농사를 시작하면서 몸집이 작아졌어요. 잘 먹지 못했기 때문이에요. 농사가 잘되면 먹거리가 남을 정도로 풍요로웠지만, 농사가 안되면 쫄쫄 굶주려야 했으니까요. 수렵 채집 생활을 하던 때는 먹거리가 떨어지면 다른 데로 훌훌 떠날 수 있었어요. 그러나 농사짓는 사람은 땅과 집을 두고 쉽게 떠나지 못했지요.

영양분 부족 문제도 겪었어요. 보리, 밀, 쌀 같은 곡식을 주로 먹고 살았으니까요. 때문에 단백질, 미네랄 같은 영양소가 부족해서 병에 걸리기도 했지요.

문제가 또 있었어요. 농사를 지으며 한곳에 모여 살고, 동물을 길들여 농사에 이용했거든요. 사람과 사람 사이의, 사람과 동물 사이의 접촉이 잦아져 전염병이 쉽게 퍼졌답니다.

농사를 지으면서 주식이 된 곡식

농사는 인류를 망쳤을까?

어떻게 보면 인류는 농사를 시작하고 더 힘든 삶을 산 것 같아요. 그런데 오히려 인구는 폭발적으로 늘었어요. 수렵 채집 생활을 할 때는 떠돌아다녔기 때문에 아기를 많이 낳을 수가 없었어요. 반면 농사를 시작하고서부터는 한곳에 머물러 살며 먹거리를 스스로 생산해 내게 됐으니까요. 농사 기술이 발전하니 수렵 채집 생활 때보다 식량을 안정적으로 얻게 됐고요. 그러면서 전보다 아기를 많이 낳았어요. 일손이 많을수록 농사에 유리했거든요. 1만 년 전까지만 해도 지구에는 약 400만 명이 살았는데, 농사가 시작된 뒤로는 1,000년마다 두 배씩 늘어났지요.

어떤 학자들은 진화의 목적이 살아남아 자손을 남겨 대를 이어 가는 것이라고 말해요. 그런 면에서 인구를 폭발적으로 늘게 한 농사는 인류 진화에 영향을 미쳤다고 볼 수 있지 않을까요?

농사가 불러온 재앙

또 어떤 학자는 농사가 인류에게 재앙을 가져왔다고 말했어요. 농사를 시작하면서 인구가 늘어나자, 사람들은 더 많은 땅이 필요했고, 서로 땅을 차지하려고 전쟁을 벌였거든요. 전쟁은 수많은 사람의 목숨을 앗아 가고, 지울 수 없는 상처를 남겼어요. 농사가 문명의 발전을 이끌기는 했지만, 그렇다고 해서 사람들이 더 잘 살게 된 것은 아니라는 뜻이지요.

서로를 길들인 사람과 가축

인류는 수렵 채집에서 벗어나 농사를 짓고 또 가축을 길렀어요. 자연에서 자유롭게 돌아다니던 개, 말, 양, 염소, 소 등을 길들여 생활에 이용했지요.

인류 최초의 가축, 개

맨 처음 사람 곁에 살게 된 동물은 개였어요. 개는 많게는 4만 년에서 적게는 1만 년 전부터 우리와 함께 살았다고 해요. 주인과 개가 나란히 묻힌 1만 년 전 옛 무덤이 발견되기도 했어요.

먼 옛날 살았던 고대 늑대가 오늘날 늑대와 개의 공통 조상으로 알려져 있어요. 오래전, 순한 늑대가 스스로 사람 곁으로 다가왔을 거예요. 사람이 사냥하고 남긴 고기를 얻으려고 주변을 어슬렁거렸겠지요. 어떤 때는 사람 사는 곳까지 들어와 고기를 주워 먹기도 하고요.

늑대가 가까이 있으면 다른 동물이 다가오지 않았겠지요? 늑대가 도움이 된다는 것을 알아차린 사람들은 늑대를 쫓지 않고 내버려두었어요. 그렇게 사람 곁에 머물게 된 늑대가 새끼를 낳았을 거예요. 새끼 중에서 순한 늑대는 그대로

오래전 가축이 된 개

남고, 그렇지 않은 늑대는 자연으로 떠나 버렸을 거고요. 이렇게 순한 무리가 사람과 더욱 가까워져 개로 진화한 것이랍니다.

젖을 나누어 먹으며

젖 속에 들어 있는 당분을 유당이라고 하는데, 유당을 소화하지 못하면 젖을 먹고 탈이 나고는 해요. 아기 때는 유당을 분해하는 효소가 나와 젖을 소화시킬 수 있어요. 하지만 젖을 떼고부터는 소화 능력이 점점 떨어져요.

그런데 이상하지요? 오늘날 소의 젖, 그러니까 우유를 즐겨 마시는 사람이 많잖아요. 소화 능력이 어떻게 생긴 걸까요? 지난 1만 년 동안 가축의 젖을 나누어 먹었기 때문이에요. 젖을 계속 먹으니 소화 효소도 끊이지 않고 나오게 된 것이지요. 특히 가축을 많이 기르는 목축 지역에 살았던 사람들은 젖을 먹어도 소화가 잘되도록 진화했어요. 반면 목축보다 농사가 발달해 젖을 덜 먹었던 지역, 예를 들어 동아시아에 사는 사람들은 유당을 소화시키는 능력이 떨어져요. 우유나 우유로 만든 유제품을 먹으면 속이 부글거리거나 설사를 하는 사람도 많지요. 요즘은 유당을 뺀 유제품이 나와서 이런 사람들도 안심하고 마실 수 있지만요.

가축에게서 얻은 젖

인류는 지금도 진화하고 있어

어떤 사람들은 과학과 기술이 발전하며 인류의 진화가 거의 멈췄다고 말해요. 날씨가 추워지면 몸을 두텁게 만드는 대신 옷을 껴입으면 되고, 사냥을 위해 몸을 키우는 대신 덫을 쓰면 되니까요. 그런데 정말로 진화가 멈추었을까요?

농사 때문에 옅어진 피부색

자연환경은 인류 진화에 커다란 영향을 끼쳐 왔어요. 그런데 문화 환경 또한 진화에 영향을 줘요. 농경 문화가 발전하며 피부색이 옅어진 것을 예로 들 수 있어요. 앞에서도 살펴봤지만 호모 사피엔스의 피부는 원래 검었어요. 자외선으로부터 피부를 보호하기 위해 멜라닌 색소를 많이 내보냈기 때문이지요. 호모 사피엔스 일부가 아프리카를 떠났을 때만 해도 피부색은 여전히 검었어요. 그런데 햇빛이 약한 지역에 살면서 피부색이 점점 옅어졌지요.

자연적 원인: 햇빛이 약한 지역에 살면서 멜라닌 색소가 점점 줄어들었어요.

문화적 원인: 농사를 지으면서 멜라닌 색소를 덜 만드는 쪽으로 변했어요.

햇빛을 적게 받으면 몸속에서 비타민 D가 충분히 만들어지지 않아 건강에 문제가 나타나요. 다행히 호모 사피엔스는 고기와 생선을 먹어 비타민 D를 얻었지요. 문제는 농사를 시작하면서 생겼어요. 곡식이 주식이 되자 비타민 D를 충분히 얻지 못했거든요. 결국 멜라닌 색소를 덜 만드는 쪽으로 변했는데, 이렇게 농경 문화라는 원인까지 더해져 피부색이 옅어진 것이랍니다.

문화적 진화의 힘

오늘날 과학과 기술의 발달로 사람과 사람 사이, 지역과 지역 사이, 나라와 나라 사이가 좁아졌어요. 서로 어울리며 유전자가 섞이는 경우가 많아졌고요. 이렇게 유전자가 섞일 기회가 많다 보니 진화도 여러 방향으로 다양하게 일어나는 중이에요. 또 의학 발전도 진화에 영향을 미치고 있어요. 인류의 생명과 건강을 높이 끌어올렸으니까요.

인류는 기나긴 세월 동안 자연환경에 적응해 지금껏 살아왔어요. 이제는 자연환경을 비롯해 우리가 만든 문화 환경이 진화에 영향을 주고 있고요. 인류가 만든 문화가 인류를 다시 만드는 셈이지요. 그 힘은 지구 위 모든 생물의 진화에도 영향을 미치고 있답니다.

인류는 계속 진화 중

- 농사와 목축을 시작하면서 탄수화물과 유당을 소화하는 능력이 발달했어요. 한편 오늘날 즐기는 고당분·고지방 음식에 적응한 유전자도 나타났지요.
- 인류의 뇌 용량이 줄어들기 시작했어요. 함께 모여서 지식을 쌓고, 머리에 정보를 저장하고 기억하는 대신 기술을 이용하기 때문이에요.

인류를 바꾼 문화적 진화

농사의 시작

- 인류는 수백만 년 동안 수렵 채집 생활에 적응해 진화해 왔음. ➡ 약 1만 년 전 수렵 채집 생활에서 벗어나 농사를 시작했음.
- 인류가 맨 처음 농사를 지은 곳은 현재 이라크, 시리아, 이집트 나일강 주변의 비옥한 초승달 지대임. 이후 인도, 중국, 중앙아프리카, 아메리카 등 세계 곳곳에서 농사가 시작됐음.
- 한곳에 머물러 살며 먹거리를 스스로 생산해 내게 되자 인구가 폭발적으로 늘어났음.

사람과 가축

- 인류는 동물을 길들여 가축으로 삼아 생활에 이용했음.
- 먼 옛날 살았던 고대 늑대가 오늘날 늑대와 개의 공통 조상으로 알려져 있음. 고대 늑대 가운데 순한 무리가 인류에게 점점 길들여져 개로 진화한 것임.
- 목축이 발달했던 지역에서는 예로부터 가축의 젖을 나눠 먹었음. 이로써 유당을 소화하는 능력이 진화했음. 반면 목축보다 농사가 발달한 지역에 사는 사람들은 유당 소화 능력이 떨어짐.

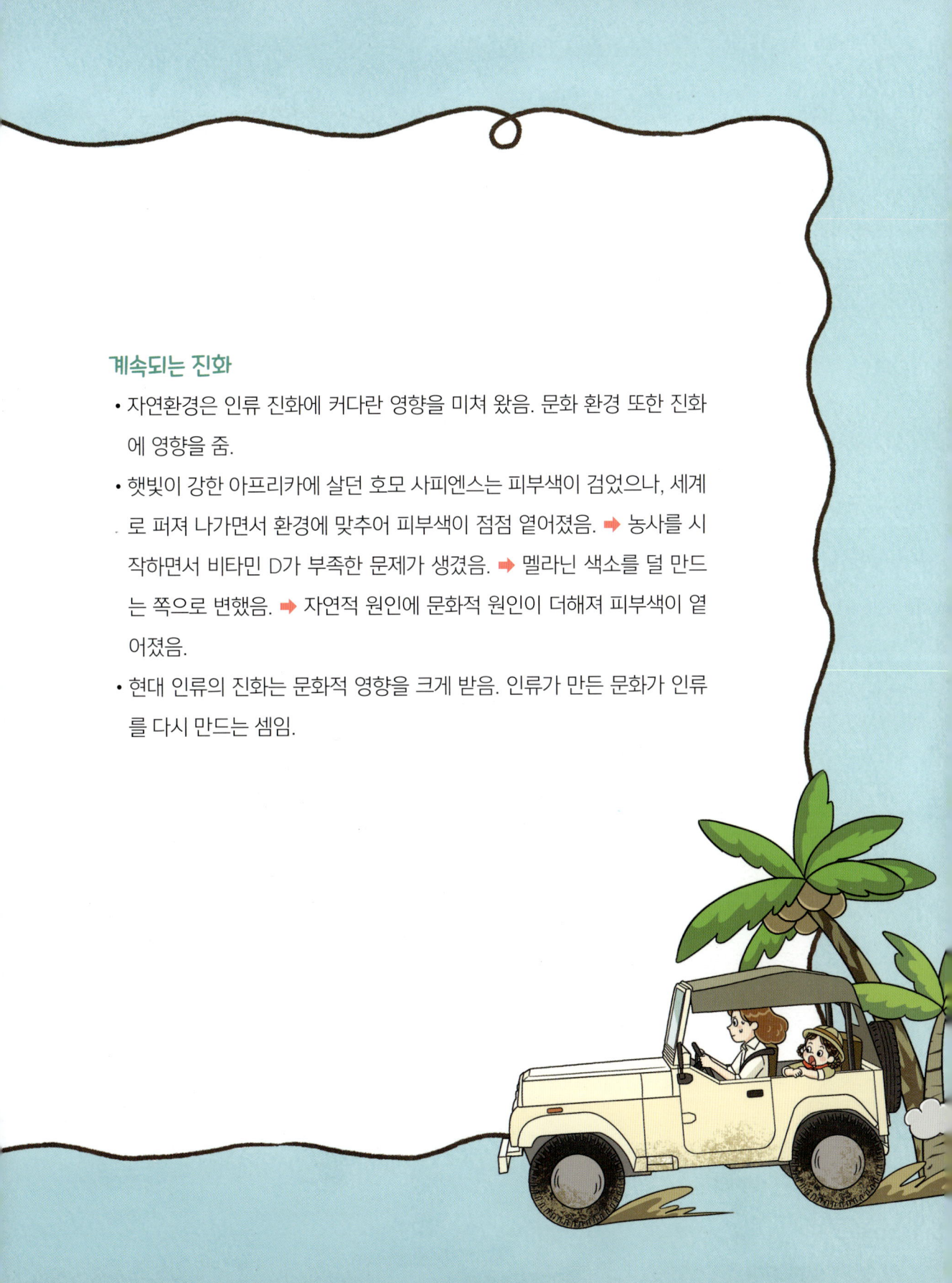

계속되는 진화

- 자연환경은 인류 진화에 커다란 영향을 미쳐 왔음. 문화 환경 또한 진화에 영향을 줌.
- 햇빛이 강한 아프리카에 살던 호모 사피엔스는 피부색이 검었으나, 세계로 퍼져 나가면서 환경에 맞추어 피부색이 점점 옅어졌음. ➡ 농사를 시작하면서 비타민 D가 부족한 문제가 생겼음. ➡ 멜라닌 색소를 덜 만드는 쪽으로 변했음. ➡ 자연적 원인에 문화적 원인이 더해져 피부색이 옅어졌음.
- 현대 인류의 진화는 문화적 영향을 크게 받음. 인류가 만든 문화가 인류를 다시 만드는 셈임.

우리 몸이 기억하는 과거

우리는 문명과 과학이 발달한 현대에 살고 있지만, 여전히 조상들이 가졌던 본능과 습관을 기억하고 있어요.

어둠이 두려운 이유

깜깜한 밤이 찾아오면 어쩐지 무서운 생각이 들어요. 왠지 어두운 저 너머에 무언가 숨어 있을 것만 같거든요. 밤중에 겁이 더럭 나 잠에서 깨기도 하고요. 이는 매우 자연스러운 일이에요. 우리 몸에 과거의 기억이 깊게 새겨 있기 때문이지요.

수렵 채집 생활을 하던 때는 잠이 들면 나를 지켜 줄 것이 없었어요. 지금처럼 튼튼한 집이 있는 게 아니었으니까요. 먹이를 찾아 어슬렁거리던 검

치호랑이가 슬글슬금 다가오다가 바스락 소리를 냈다고 상상해 보세요. 순간 잠에서 깨어 달아나면 살아남고, 아니면 날카로운 송곳니에 콱 물렸을 거예요. 그러니까 어둠을 두려워하는 마음이 있어야 살아남는 데 유리했던 것이랍니다.

달고 기름진 음식을 참지 못하는 이유

과자, 초콜릿, 아이스크림 같은 달고 기름진 음식을 너무 많이 먹으면 건강에 좋지 않아요. 그런데 이런 음식을 왜 참지 못할까요? 이것도 과거에 새겨진 본능 때문이에요.

달고 기름진 음식은 당분과 지방이 많아요. 열량이 높아서 에너지를 빠르게 채울 수 있지요. 먼 옛날에는 열량 높은 먹거리를 찾으면 일단 많이 먹어 두어야 했어요. 먹을 기회가 많지 않을뿐더러, 혹시나 남겨 둔다고 해서 다음 날 상하지 않으리란 법이 없으니까요.

오늘날에는 먹거리가 넘쳐 나고 오히려 너무 많은 열량을 섭취해서 문제예요. 그래도 우리 몸에 과거의 기억이 그대로 남아서, 달고 기름진 음식을 보면 나도 모르게 덤벼들게 되지요. 더 빨리 더 많이 먹으려고요.

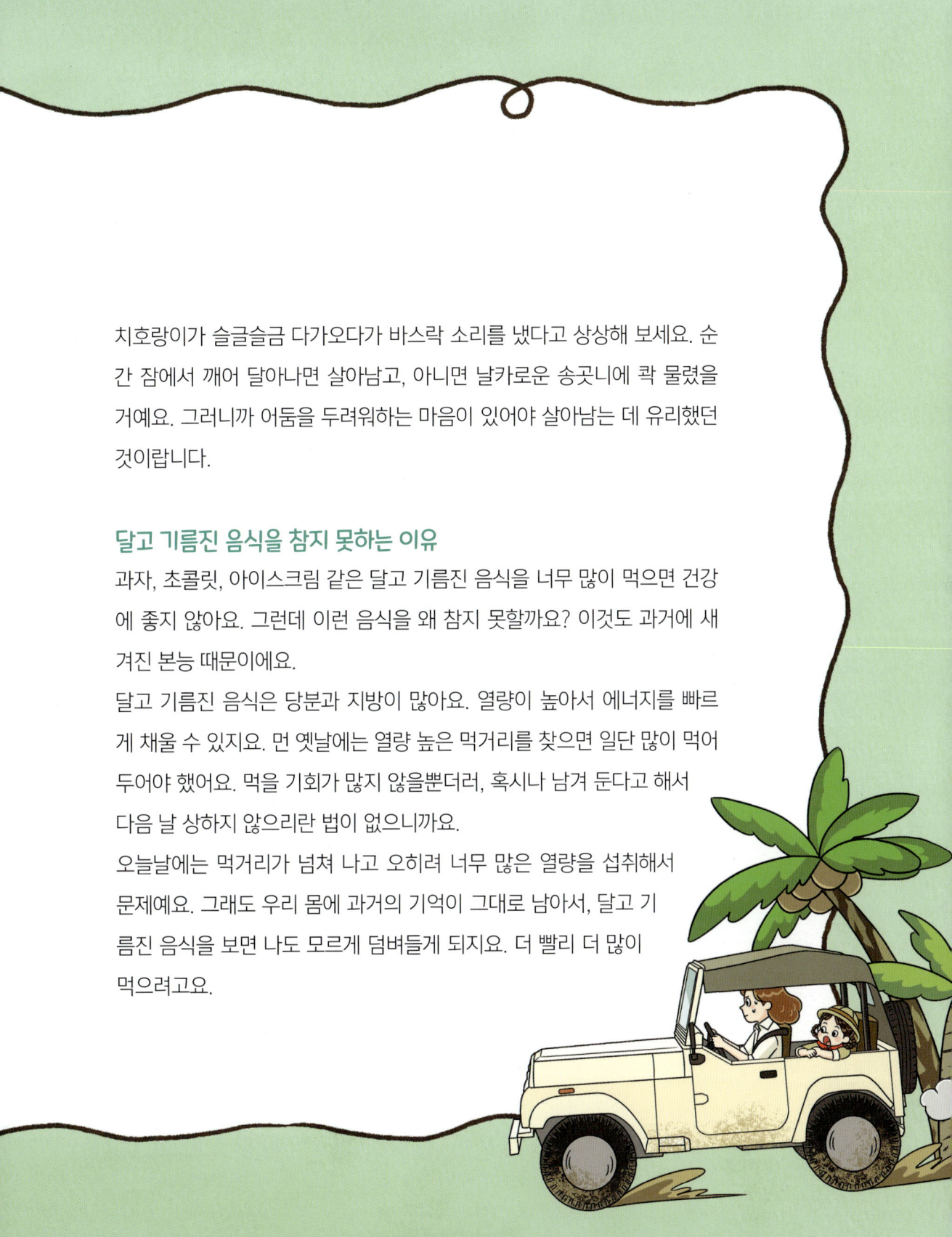

워크북

1화 개념 - 진화가 뭐야?

1 다음 문장을 읽고 맞으면 ○, 틀리면 ×표시를 해 봐요.

- 약 46억 년 전 지구가 탄생할 때 생물도 함께 생겨났어요. (   )
- 지구 환경은 변하지 않고 항상 그대로 있어요. (   )
- 진화는 생물이 오랜 시간에 걸쳐 점점 변해 가는 것이에요. (   )

2 다윈은 갈라파고스 제도를 탐험하며 핀치새를 관찰했어요. 섬마다 핀치새의 부리 모양이 달랐던 이유를 적어 봐요. *서술형 문항 대비* ✓

----

3 다음 글이 설명하는 것을 골라 봐요.

> 유인원에 속하며, 사람과 유전적으로 가장 가까운 동물로 알려져 있어요.

① 고래

② 개

③ 원숭이

④ 침팬지

4 인류에 대한 설명으로 <u>틀린</u> 것을 골라 봐요.

① 인류는 오랜 시간에 걸쳐 진화해 왔다.
② 등을 곧게 세워 두 다리로 걷는 것이 특징이다.
③ 현재 지구에 사는 인류는 호모 사피엔스이다.
④ 호모 사피엔스는 다른 인류보다 크고 힘이 세서 살아남았다.

2화 역사 - 최초의 인류부터 호모 사피엔스까지

1 다음 글을 읽고 무엇에 대한 설명인지 〈보기〉에서 골라 적어 봐요.

> 남쪽에 사는 유인원이라는 뜻이며, 아프리카 에티오피아의 아파르 지역에서 발견된 루시 화석이 유명해요. 꽤 오랫동안 최초의 인류로 알려져 있었어요.

보기
오스트랄로피테쿠스   호모 에렉투스   호모 사피엔스

_____

2 호모 에렉투스에 대한 문장을 읽고 맞으면 ○, 틀리면 ×표시를 해 봐요.

- 곧게 서서 걸을 수 있었어요. (   )
- 돌로 도구를 만들고 불을 쓸 줄 알았어요. (   )
- 아프리카 대륙에서만 눌러살았어요. (   )

3 다음 글이 설명하는 것을 골라 봐요.

- 약 40만 년에서 3만 년 전까지 유럽과 아시아 일부 지역에서 살았어요.
- 몸이 다부지고 힘이 세며 사냥에 뛰어났어요.
- 무리 지어 살며 다른 사람을 돌보는 문화가 있었어요.
- 죽은 사람에게 꽃을 바치는 장례 문화가 있었어요.

① 네안데르탈인　　② 데니소바인
③ 크로마뇽인　　　④ 호모 사피엔스

4 호모 사피엔스에 대해 누가 바르게 말하고 있는지 골라 봐요.

① 약 300만 년 전 아시아에서 처음 나타났어.

② 키가 100센티미터 정도로 작고, 몸에 털이 수북해.

③ 동굴 벽에 그림을 그리는 등 예술 활동을 펼쳤어.

④ 섬에 외따로 떨어져 살아 외부와 접촉이 없었지.

1 발자국 화석을 통해 고인류가 오늘날 우리처럼 두 발로 걸었다는 점이 밝혀졌어요. 어떤 특징을 보고 알 수 있었는지 적어 봐요. 　서술형 문항 대비 ✓

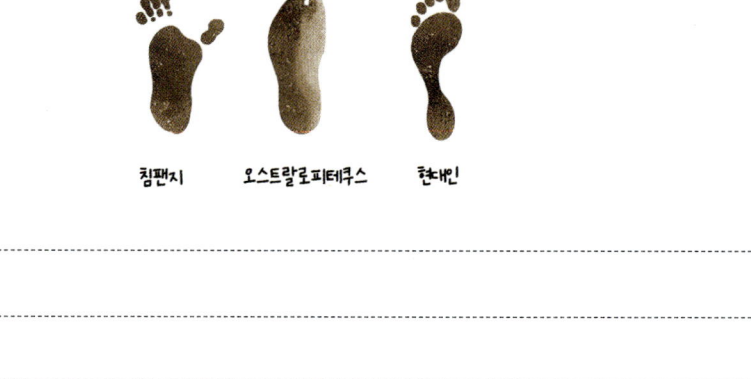

침팬지　오스트랄로피테쿠스　현대인

---

2 다음 문장을 읽고 맞으면 ○, 틀리면 ×표시를 해 봐요.

- 인류는 직립 보행으로 더 멀리 내다볼 수 있게 됐어요. (　　)
- 인류는 자유로워진 두 손으로 도구를 만들어 썼어요. (　　)
- 인류는 직립 보행으로 중력의 영향을 덜 받게 됐어요. (　　)

3 다음 글을 읽고 괄호 안에 공통으로 들어갈 단어를 〈보기〉에서 찾아 적어 봐요.

> 호모 사피엔스는 오스트랄로피테쿠스나 호모 에렉투스보다 (   ) 크기가 컸어요. 환경에 적응하려고 (   )를 쓸수록 지능이 발달해서 더 똑똑해졌지요.

보기 턱뼈   뇌   허리

_____

4 다음 글을 읽고 괄호 안에 들어갈 단어를 적어 봐요.

> 사람의 피부에 (   )이 줄어드는 쪽으로 진화했어요. 대신 엄청나게 많은 땀구멍이 있지요. 한낮에도 지치지 않고 사냥할 수 있도록 변화한 것이에요.

_____

4화 기술 - 인류가 살아남은 이유

1 동물도 도구를 쓸 줄 알아요. 그런데 동물의 도구와 인류의 도구는 차이점이 있어요. 어떤 점이 다를까요? 서술형 문항 대비 ✓

----

2 다음 사진 속 도구는 어느 시대의 대표 유물일까요? 〈보기〉에서 골라 적어 봐요.

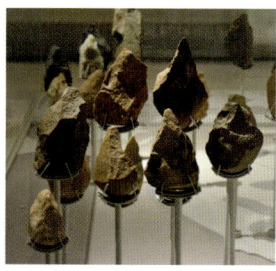

보기

　　석기 시대　　　청동기 시대　　　철기 시대

_____

3 인류가 불을 발견하고 다루게 되면서 생긴 변화를 아는 대로 적어 봐요. 서술형 문항 대비 ✓

　　_____
　　_____
　　_____
　　_____
　　_____

4 다음 사진과 설명을 보고 유물의 이름을 적어 봐요.

뼈에 구멍을 뚫고 끝을 날카롭게 갈아 만든 도구로, 옷을 만들 때 주로 썼어요.

　　　　　　　　_____

5화 문화 – 인류를 바꾼 문화적 진화

1 다음 글을 읽고 밑줄 친 이것이 무엇인지 적어 봐요.

> 인류는 수백만 년 동안 동물을 사냥하고 자연의 식물을 모아 먹고 살았어요. 그러다 <u>이것</u>이 1만 년 전쯤 비옥한 초승달 지대에서 시작됐지요.

_____

2 다음 문장을 읽고 맞으면 ○, 틀리면 ✕ 표시를 해 봐요.

- 인류는 농사를 시작하면서 가축도 길렀어요. (　　)
- 인류가 맨 처음 기른 가축은 닭이에요. (　　)
- 오늘날 개의 조상은 고대 늑대로 알려져 있어요. (　　)

3 다음 글을 읽고 괄호 안에 들어갈 단어를 〈보기〉에서 각각 골라 적어 봐요.

> (㉠) 지역에 살았던 사람들은 젖을 먹어도 소화가 잘되도록 진화했어요. 반면 (㉡)가 발달해 젖을 덜 먹었던 지역, 예를 들어 동아시아에 사는 사람들은 유당을 소화시키는 능력이 떨어져요.

보기 　광산　　낚시　　농사　　목축

㉠ : _____　　㉡ : _____

4 알맞은 설명을 찾아 선으로 이어 봐요.

① 문화적 원인 •　　　　• ㉠ 햇빛이 약한 지역에 살면서 멜라닌 색소가 점점 줄어들었어요.

② 자연적 원인 •　　　　• ㉡ 농사를 지으면서 멜라닌 색소를 덜 만드는 쪽으로 변했어요.

정답 및 해설

1화

1. X, X, O
⋯▶ 약 46억 년 전 지구는 뜨거운 불덩이였어요. 시간이 흐르며 생물이 살 수 있는 환경이 갖춰져 40억 년 전쯤 최초의 생명체가 나타났지요. 이후로도 지구 환경은 끊임없이 변화해 왔어요. (☞ 16~17쪽)

2. 본문을 참고해 적어 봐요.
⋯▶ 각 섬의 먹이 환경에 맞추어 부리 모양이 서로 다르게 진화했어요. (☞ 21쪽)

3. ④
⋯▶ 유인원에 속하는 침팬지는 사람과 유전자가 98퍼센트 이상 같아요. (☞ 22~23쪽)

4. ④
⋯▶ 호모 사피엔스는 지구의 다양한 환경에 적응한 덕분에 살아남을 수 있었어요. (☞ 24~25쪽)

2화

1. 오스트랄로피테쿠스
⋯▶ 오스트랄로피테쿠스에 대한 설명이에요. (☞ 38~39쪽)

2. O, O, X
⋯▶ 호모 에렉투스는 아프리카 밖으로 떠난 최초의 인류로 알려져 있어요. (☞ 40~41쪽)

3. ①
⋯▶ 네안데르탈인에 대한 설명이에요. (☞ 42~43쪽)

4. ③
⋯▶ 호모 사피엔스는 약 30만 년 전 아프리카에서 처음 나타났어요. 호모 사피엔스의 생김새는 현대인과 거의 같아요. 호모 사피엔스는 전 세계로 퍼져 나가 네안데르탈인, 데니소바인 같은 다른 종과 접촉했을 것으로 보여요. (☞ 44~45쪽)

3화

1. 본문을 참고해 적어 봐요.
⋯▶ 유인원과 다르게 큰 엄지발가락이 다른 발가락과 나란히 나 있고, 발바닥이 오목해요. 이런 발 모양은 나무를 타기보다 두 발로 걷기에 유리해요. (☞ 58쪽)

2. O, O, X
⋯▶ 직립 보행을 하면서 우리 몸 곳곳은 전보다 중력의 영향을 크게 받고 있어요. (☞ 60~61쪽)

3. 뇌
⋯▶ 호모 사피엔스의 뇌는 다른 종에 비해 특히 발달했어요. 높은 지능 덕분에 변화에 잘 적응했지요. (☞ 62~63쪽)

4. 털
⋯▶ 인류가 사냥을 시작한 이후로 몸에 털이

점점 줄어들기 시작했어요. 피부로 땀을 흘려 내보내면서 체온을 식힐 수 있었지요. (☞ 66쪽)

4화

1. 본문을 참고해 적어 봐요.
⋯ 동물은 주변에 있는 것을 가져다 쓸 뿐이지만, 사람은 필요에 따라 도구를 직접 만들어요. (☞ 78쪽)

2. 석기 시대
⋯ 아슐리안 석기는 석기 시대의 대표 유물이에요. 석기 시대에는 돌로 도구를 만들어 썼어요. (☞ 78~79쪽)

3. 본문을 참고해 적어 봐요.
⋯ 불은 인류에게 커다란 영향을 미쳤어요. 인류는 불을 이용해 어둠을 밝히고, 추위와 동물로부터 몸을 보호했으며, 보다 넓은 곳으로 이동할 수 있게 됐지요. (☞ 80쪽)

4. 뼈바늘
⋯ 뼈바늘은 뼈에 구멍을 뚫고 끝을 날카롭게 갈아 만들었어요. 인류는 뼈바늘을 이용해 옷을 만들어 입었지요. (☞ 82~83쪽)

5화

1. 농사
⋯ 농사에 대한 설명이에요. (☞ 96~97쪽)

2. O, X, O
⋯ 인류가 맨 처음 길들인 동물은 개로 알려져 있어요. 많게는 4만 년에서 적게는 1만 년 전부터 인류와 함께 살았다고 해요. (☞ 100쪽)

3. ㉠ 목축, ㉡ 농사
⋯ 목축이 발달한 지역에서는 가축의 젖을 자주 섭취해 유당을 소화시키는 능력이 발달했어요. 반면 농사가 발달해 젖을 덜 먹었던 지역에 사는 사람들은 유당을 소화시키는 능력이 떨어지지요. (☞ 101쪽)

4. ①-㉡, ②-㉠
⋯ 진화 과정에서 햇빛 같은 자연적 원인은 피부색에 영향을 미쳤어요. 여기에 농경 문화라는 문화적 원인까지 더해져 피부색이 옅어졌지요. (☞ 102~103쪽)

찾아보기

ㄱ
개 ·············· 64, 71, 100~101
고릴라 ·············· 22, 71
골반 ·············· 28, 64~65

ㄴ
너클 보행 ·············· 59
농사 ·············· 79, 81, 96~103
늑대 ·············· 100~101

ㄷ
다윈 ·············· 20~22
땀 ·············· 41, 66~67

ㄹ
루시 ·············· 38~39, 62

ㅁ
멜라닌 ·············· 67, 102~103

ㅂ
불 ·············· 41, 47, 63, 80~81
비옥한 초승달 지대 ·············· 97
뼈바늘 ·············· 83

ㅅ
석기 시대 ·············· 79
수렵 채집 ·············· 96, 98~100, 106

ㅇ
오랑우탄 ·············· 22
오스트랄로피테쿠스 ·············· 24, 38, 40, 47, 58~59, 62, 81, 84
유당 ·············· 101, 103
유인원 ·············· 22~24, 37~38, 58~59, 70, 85

ㅈ
주먹 도끼 ·············· 41
직립 보행 ·············· 60~61, 64~65, 78
진화 나무 ·············· 19, 23

ㅊ
침팬지 ·············· 22~24, 39, 62, 64, 71, 78, 84

ㅋ
코끼리 ·············· 62, 78

ㅌ
털 ·············· 39, 41, 66~67, 70, 82, 85

ㅍ
핀치새 ·············· 21

ㅎ
향유고래 ·············· 62
호모 사피엔스 ·············· 24~25, 29, 44~46, 63, 82~84, 102~103
화석 ·············· 28, 36~40, 42~47, 50, 58, 79

초등 교과 과정에 알맞게 개발한 통합교과 정보서

참 잘했어요 과학

하나의 과학 주제를 다양한 분야에서 살펴보는 통합교과 정보서입니다.
재미있는 스토리와 서술형 평가에 대비하는 워크북도 함께 실었습니다.
서울과학교사모임의 꼼꼼한 감수로 내용의 정확도를 높였습니다.

1 또 하나의 가족 **반려동물**
2 범인을 찾아라! **과학수사**
3 뼈만 남았네! **공룡과 화석**
4 과학을 타자! **놀이기구**
5 약이야? 독이야? **화학제품**
6 두 얼굴의 하늘 **날씨와 재해**
7 고수의 몸짱 비법 **운동과 다이어트**
8 이젠 4차 산업 혁명! **로봇과 인공지능**
9 과학을 꿀꺽! **음식과 요리**
10 외계인의 태양계 보고서 **우주와 별**
11 나 좀 살려 줘! **환경과 쓰레기**
12 시큼시큼 미끌미끌 **산과 염기**
13 시원해! 상쾌해! **화장실과 똥**
14 대비해! 대피해! **지진과 안전**
15 이게 무슨 소리?! **음악과 소음**
16 세상에서 가장 착한 초록 **반려식물**
17 가슴이 콩닥콩닥 **성과 사춘기**
18 눈이 따끔, 숨이 탁! **미세먼지**
19 미생물은 힘이 세! **세균과 바이러스**
20 그 옛날에 이런 생각을?! **전통과학**
21 땅속에서 무슨 일이?! **보석과 돌**
22 줄을 서시오! **원소와 주기율표**
23 드라큘라도 궁금해! **피와 혈액형**
24 불 때문에 난리, 물 때문에 법석! **기후 위기**
25 결정은 뇌가 하지! **뇌와 AI**
26 지켜 주지 못해 미안해! **멸종 동물**
27 생명이 꿈틀꿈틀! **바다와 갯벌**
28 가상에 쏙, 현실이 짠! **메타버스**
29 작지만 무서워! **미세 플라스틱**
30 세상이 번쩍, 생각이 반짝! **전쟁과 발명**
31 어제는 패션, 오늘은 쓰레기! **패스트 패션**
32 내 몸을 지켜라! **면역과 질병**
33 식물일까? 동물일까? **버섯과 곰팡이**
34 더 빨리, 더 멀리! **미래 교통**
35 땅이 바싹, 목이 바짝 **사막과 물**

글 신방실 외 | 그림 시미씨 외 | 감수 서울과학교사모임 | 값 1~10권 10,000원, 11~25권 11,000원, 26~35권 13,000원